Geschichte

Sachsen-Anhalt

Entdecken und Verstehen 7

Herausgegeben von
Dr. Thomas Berger-v. d. Heide
Prof. Dr. Hans-Gert Oomen

Vom Zeitalter der Entdeckungen bis zur Französischen Revolution

Herausgegeben von
Prof. Dr. Hans-Gert Oomen

Bearbeitet von
Dr. Thomas Berger-v. d. Heide
Elisabeth Herkenrath
Ilse Lerch-Hennig
Bettina Mende
Karl-Heinz Müller
Prof. Dr. Hans-Gert Oomen
Dr. Dieter Potente
Martina Quill

Beratende Mitarbeit
Bettina Mende, Salzwedel

Cornelsen

Redaktion: Gisela Veerkamp
Bildassistenz: Christina Sandig
Karten, Grafiken und Illustrationen: Klaus Becker, Oberursel;
Thomas Binder, Magdeburg; Volkhard Binder, Telgte; Carlos Borrell Eiköter, Berlin;
Elisabeth Galas, Bad Breisig; Peter Kast, Schwerin; Michael Teßmer, Hamburg
Umschlaggestaltung: Klein & Halm Grafikdesign, Berlin
Layoutkonzept: Simone Siegel, Mike Mielitz
Technische Umsetzung: zweiband.media, Berlin

Das Umschlagbild zeigt das Schloss Wörlitz.

www.cornelsen.de

1. Auflage, 8. Druck 2021

Alle Drucke dieser Auflage sind inhaltlich unverändert
und können im Unterricht nebeneinander verwendet werden.

Druck und Bindung: Livonia Print, Riga

ISBN 978-3-06-064750-7

PEFC
PEFC/12-31-006

PEFC zertifiziert
Dieses Produkt stammt aus nachhaltig bewirtschafteten Wäldern und kontrollierten Quellen.

www.pefc.de

Liebe Schülerinnen und Schüler!

In Band 1 und 2 eures Schulbuches habt ihr etwas über das Leben der Menschen in der Urgeschichte und im Mittelalter erfahren können. Dieser Band zeigt euch nun die großen Veränderungen der Neuzeit: Wie die Europäer neue Erdteile entdeckten, wie unterschiedliche Richtungen des christlichen Glaubens entstanden und zu Krieg führten. Ihr erfahrt auch etwas über das moderne Königtum Ludwigs des XIV. von Frankreich und wie fortschrittlich die Fürsten im Gebiet des heutigen Sachsen-Anhalt regierten. Das letzte Kapitel zeigt euch, wie Menschen in der Französischen Revolution für Freiheit und Menschenrechte gekämpft haben.

Lernen macht natürlich mehr Spaß, wenn man etwas selber herausfinden kann. Ihr findet daher in diesem Buch neben den Texten auch zahlreiche Bilder und Berichte der damals lebenden Menschen. Wir bezeichnen sie als Quellen. Ihr erkennt sie an einem „Q" und einem Farbstreifen. Texte von Geschichtsforschern haben ein „M" und ebenfalls den Farbstreifen. Außerdem gibt es noch viele spannende Seiten, z. B.:

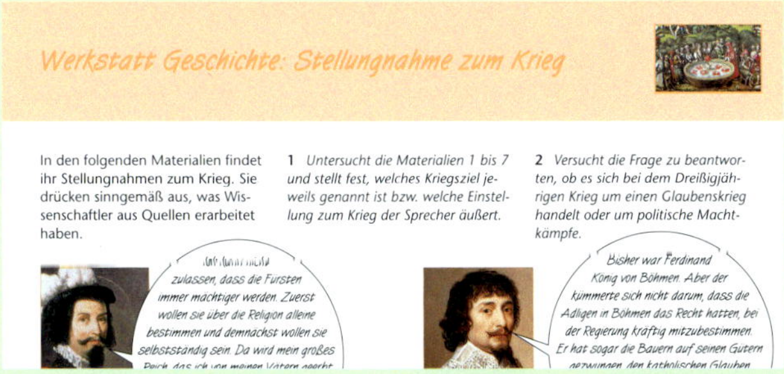

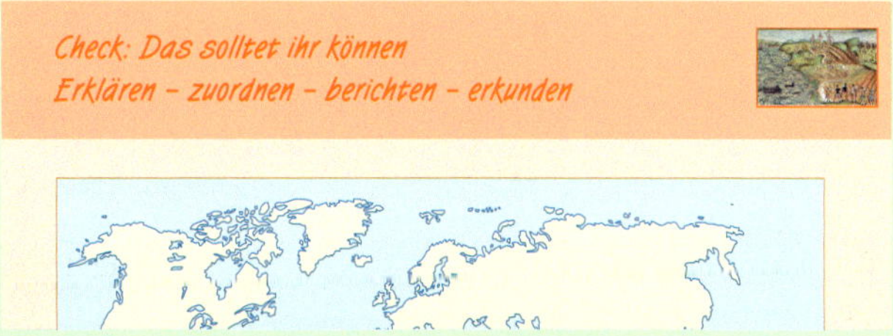

Und jetzt – viel Spaß beim Lesen und Lernen mit eurem neuen Geschichtsbuch.

Inhaltsverzeichnis

Inhaltsverzeichnis

1. Entdecker und Eroberer

1400 — VERÄNDERUNGEN IM DENKEN IN EUROPA

1492 — KOLUMBUS ENTDECKT AMERIKA

1498 — VASCO DA GAMA ENTDECKT SEEWEG NACH INDIEN

Seit dem 15. Jahrhundert entwickelten die Menschen in Europa eine neue Vorstellung von der Welt. Sie entdeckten und erfanden viel Neues – in der Wissenschaft, in der Wirtschaft, in der Religion, in Technik, Kunst und Kultur. Die Menschen befuhren Ozeane und entdeckten sogar neue Kontinente. So zeigt die Abbildung aus dem Jahr 1550 die Landung einer europäischen Expedition an einer Küste, beobachtet von Einheimischen.

Die folgenden Seiten handeln von dieser Zeit der Erfindungen und Entdeckungen, aber auch von der Begegnung zwischen verschiedenen Völkern und Kulturen.

ab 1500 — EUROPÄISCHE HERRSCHAFT IN DEN KOLONIEN

1519–1534 — SPANIER EROBERN REICHE DER AZTEKEN UND INKAS

Vom Mittelalter zur Neuzeit

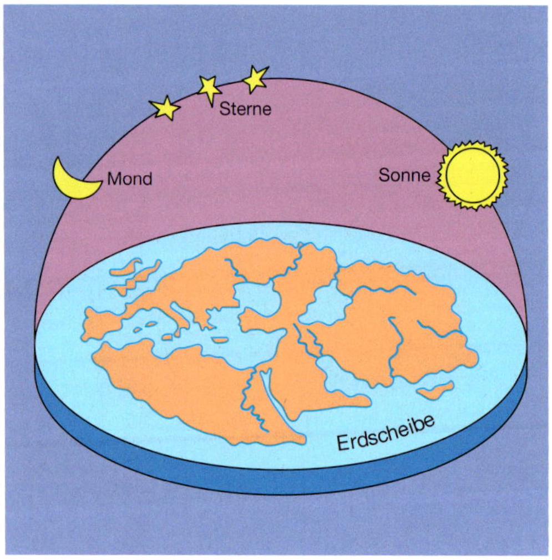

1 **Bewegung der Planeten nach der mittelalterlichen Vorstellung (= geozentrisches Weltbild*).**

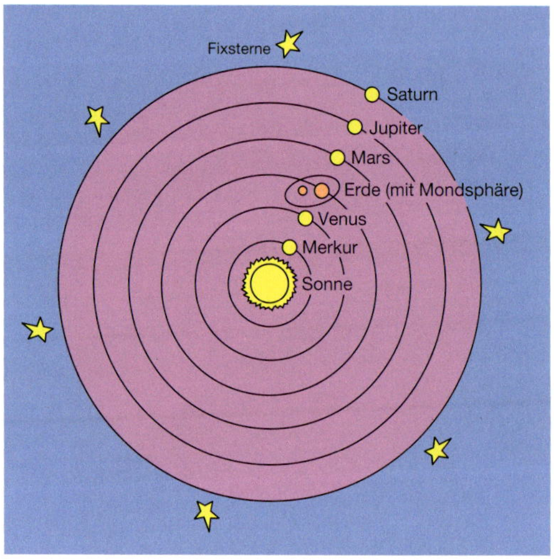

2 **Bewegung der Planeten nach der Berechnung des Kopernikus (= heliozentrisches Weltbild*).**

geozentrisches Weltbild*:
(griech. geo = Erde). Vorstellung, dass die Erde Mittelpunkt des Weltalls ist und dass sich die Planeten um die Erde drehen.

heliozentrisches Weltbild*:
(griech. helios = Sonne). Erkenntnis, dass sich die Erde und die Planeten um die Sonne drehen.

Ein neues Bild der Erde entsteht

Im Mittelalter bestimmte in Europa der christliche Glaube das gesamte Leben. Auch in wissenschaftlichen Fragen gab man sich mit Antworten aus der Bibel zufrieden. Im 15. Jahrhundert aber entstand eine neue Art des Denkens. Jetzt wollten die Menschen selbst nachprüfen und nach Beweisen suchen. Der niederländische Gelehrte Agricola (1444 bis 1485) schrieb an einen Freund:

Q1 … Lass dir verdächtig sein, was du bisher gelernt hast. Verurteile alles und verwirf das, wofür du keine stichhaltigen Beweise findest. Auf dem Glauben beruht die Frömmigkeit, die wissenschaftliche Bildung aber sucht stets nach Beweisen …

1 *Erklärt, wozu Agricola seinen Freund auffordert. – Was ist daran so neu?*

Ein berühmtes Beispiel für diese neue Denkweise bietet uns der polnische Priester und Astronom Nikolaus Kopernikus. Als Geistlicher war er davon überzeugt, dass sich die Erde als flache Scheibe im Mittelpunkt des Weltalls befinde. Sonne und Planeten würden sich um die Erde drehen (Abbildung 1). Der Mensch – so glaubte er – lebe als „Krönung der Schöpfung“ natürlich im Zentrum dieses Weltalls.

Als Wissenschaftler gelangte Kopernikus zu einer ganz anderen Ansicht. Immer deutlicher erkannte er, dass die Erde und die Planeten sich um die Sonne drehen. Kopernikus wagte es nicht, seine Beobachtungen zu veröffentlichen, weil sie den Lehren der Kirche widersprachen. Erst 30 Jahre später, am Tag seines Todes, erschien sein Buch, das von der Kirche sofort verboten wurde. Aber die neuen Erkenntnisse setzten sich dennoch durch und stellten die Glaubwürdigkeit der Kirche infrage.

2 *Erklärt mithilfe der Abbildungen 1 und 2 den Unterschied zwischen dem mittelalterlichen Weltbild und dem des Kopernikus.*

3 *Wir sagen noch heute: „Die Sonne geht auf.“ Welches der beiden Weltbilder steht hinter dieser Aussage? – Erklärt Eure Antwort.*

4 *Prüft, ob es Ähnlichkeiten in der Auffassung Agricolas (Q1) und dem Vorgehen des Kopernikus gibt.*

5 *Spielt folgende Situation: Kopernikus berät sich mit einem anderen Priester, ob er seine Erkenntnisse veröffentlichen soll.*

Nikolaus Kopernikus *(1473–1543) mit einem astronomischen Modell.*

Der Beginn eines neuen Denkens

3 **Galilei führt dem Senat von Venedig sein Fernrohr vor.** So stellte der Maler Luigi Sabatelli dieses Ereignis um 1820 dar. Fresko.

„Und sie bewegt sich doch"

Ähnlich wie Kopernikus beobachtete auch der italienische Mathematiker und Physiker Galileo Galilei (1564–1642) jahrelang den Lauf der Sterne. Erleichtert wurden seine Forschungen durch ein Fernrohr mit 20-facher Vergrößerung, das er im Jahr 1609 gebaut hatte. Auch für Galilei war es bald klar, dass die Erde die Sonne umkreist und dass sie sich gleichzeitig um die eigene Achse dreht. So war auch der Wechsel von Tag und Nacht leicht zu erklären.

Im Jahr 1610 veröffentlichte er seine Beobachtungen. Sie lösten heftige und erbitterte Diskussionen in ganz Europa aus.

In dem Schauspiel „Leben des Galilei" von Bertolt Brecht (1898–1956) sagt ein Mönch zu Galilei:

M1 ... Ich bin als Sohn von Bauern in der Campagna aufgewachsen. Es sind einfache Leute. Sie wissen alles über den Olivenbaum, aber sonst recht wenig ...

Es ist ihnen versichert worden, daß das Auge der Gottheit auf ihnen liegt, ... daß das ganze Welttheater um sie aufgebaut ist, damit sie ... sich bewähren können.

Was würden meine Leute sagen, wenn sie von mir erführen, daß sie sich auf einem kleinen Steinklumpen befinden, der sich unaufhörlich drehend im leeren Raum um ein anderes Gestirn bewegt ...

Wozu ist die Heilige Schrift noch gut, die alles erklärt ... und die jetzt voll von Irrtümern befunden wird. ...

6 *Schaut euch die Abbildung 3 genau an. Notiert, mit welchen Worten Galilei sein Fernrohr angepriesen haben könnte.*

7 *Erzählt mithilfe des Textes M1, welche Ängste die Behauptungen Galileis bei vielen Menschen vermutlich ausgelöst haben.*

8 *Schreibt auf, welche Antwort Galilei dem Mönch gegeben haben könnte.*

Im Jahr 1633 musste sich Galilei in Rom vor einem kirchlichen Gericht verantworten. Er wurde gezwungen, seinen „Irrtümern" abzuschwören. Angeblich soll er dabei geflüstert haben: „Und sie (die Erde) bewegt sich doch." Galilei wurde bis zu seinem Tod unter Hausarrest gestellt. Seine astronomischen Forschungen musste er einstellen. Im Jahr 1992 erklärte Papst Johannes Paul II., dass Galilei sich damals weitsichtiger gezeigt habe als seine kirchlichen Gegner.

9 *Verfasst einen Brief an das Kirchengericht, in dem ihr die Forschungsergebnisse Galileis verteidigt.*

Galileo Galilei. *Ausschnitt aus einem Gemälde, um 1636.*

Neue Perspektiven für die Seefahrt

*Ein **Seeungeheuer** verschlingt ein Segelschiff. Die Seefahrer waren auf See großen Gefahren und scheinbar unerklärlichen Naturerscheinungen ausgeliefert. In ihrer Angst glaubten sie daher an Seeungeheuer und Geister, um sich diese Erscheinungen zu erklären. Holzschnitt, um 1550.*

1 **Globus des Martin Behaim, 1492.** Foto.

2 **Kompass, um 1550.** Foto.

3 **Federzuguhr des Peter Henlein, 1510.** Foto.

Neue Erfindungen und Entdeckungen

Die neue Art des Denkens, das gründliche Untersuchen und Erforschen, breitete sich immer mehr aus.

Man übernahm also nicht mehr einfach die alten Überlieferungen, sondern versuchte, sich selbst ein Bild von der Erde zu machen.

Auf diese Weise wurden in kurzer Zeit zahlreiche Erfindungen und Entdeckungen gemacht.

Mit Globus und Kompass auf hoher See

Ganz neue Möglichkeiten für die Seefahrt eröffneten sich, als immer mehr Forscher die Ansicht vertraten, dass die Erde keine Scheibe, sondern eine Kugel sei.

Verdeutlicht wurde diese Entdeckung mit einem Globus (Abbildung 1), den der Kaufmann Martin Behaim 1492 in Nürnberg anfertigen ließ. Eine Kugel aus Pappe wurde mit Pergamentblättern beklebt. Auf die Blätter wurden die damals bekannten Länder eingezeichnet. Wenn die Erde eine Kugel ist, dann kann man sich auch auf das offene Meer hinauswagen, ohne befürchten zu müssen, hinunterzufallen. Wollte man aber auf das offene Meer hinausfahren, brauchte man gute Schiffe und Messinstrumente, um auch wieder zurückzufinden.

Es war daher sehr wichtig, dass gerade zu dieser Zeit ein Kompass (Abbildung 2) erfunden wurde, der auch bei rauer See zu verwenden war. Außerdem gab es jetzt Tabellen, die den täglichen Stand der Sterne angaben. Wusste man, wie hoch ein Stern zu einer bestimmten Zeit über dem Horizont stand, brauchte man nur in den Tabellen nachzusehen und fand dort, auf welchem Breitengrad man sich befand. Die Sternenhöhe über dem Horizont wurde mit dem Jakobsstab angepeilt.

Gebaut wurden jetzt auch neue Schiffe, die Karacke (etwa 30 m lang, Abbildung 4) und die Karavelle (etwa 20 m, Abbildung 5). Die gedrungene Form des Schiffskörpers machte sie sehr seetüchtig. Sie hatten in der Mitte den Hauptmast mit einem großen Vierecksegel, das bei Rückenwind für eine hohe Geschwindigkeit sorgte. Die kleineren Dreiecksegel am vorderen und hinteren Mast erlaubten aber auch ein Segeln fast gegen den Wind. Die

Reisen und Entdeckungen

4 **Karacke, um 1350.** Zeichnung.

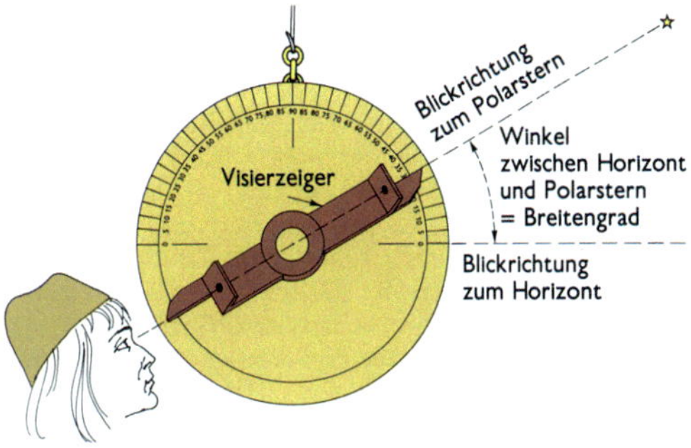

6 **Astrolabium.** Zeichnung.

5 **Karavelle.** Zeichnung.

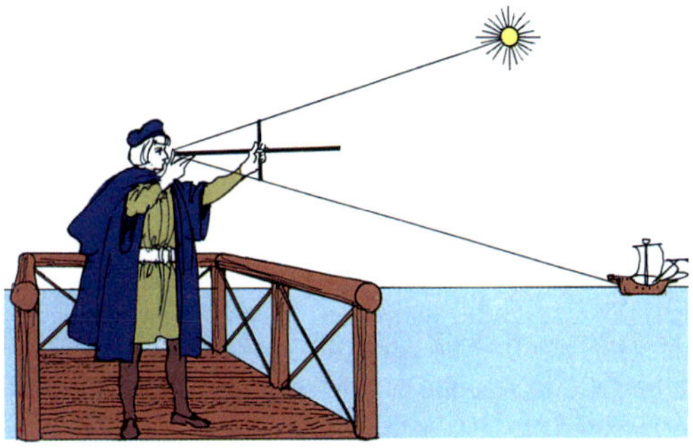

7 **Jakobsstab.** Zeichnung.

Ein Seefahrer bei Eintragungen auf dem ***Globus****. Holzschnitt, 1517.*

Voraussetzungen für weite Seefahrten waren damit geschaffen.

Eine große Hilfe bei der Seefahrt waren auch die neuen Federzuguhren (Abbildung 3), erfunden von Handwerkern in Nürnberg. Wenn man nämlich die genaue Zeit wusste, konnte man aus dem Stand der Sonne und der Sterne die genaue Position errechnen.

1 *Besorgt euch einen Kompass und erklärt, wie er funktioniert.*

2 *Seht euch die Abbildungen 6 bis 10 an und ordnet die Instrumente mithilfe der Zeichnungen folgenden Funktionen zu:*
- *Positionsbestimmung*
- *Geschwindigkeitsmessung (zweimal zuordnen)*
- *Zeitmessung*
- *Tiefenmessung*

3 *Besprecht mit eurem Banknachbarn, warum diese Funktionen in der Seefahrt wichtig waren.*

4 *Beschreibt jetzt zusammenfassend, wie die neuen Erfindungen die Seefahrt erleichterten.*

5 *Wenn man von Europa immer nach Westen oder Osten fährt, kommt man schließlich wieder am Ausgangspunkt an. – Überprüft diese Behauptung mithilfe eines Globus.*

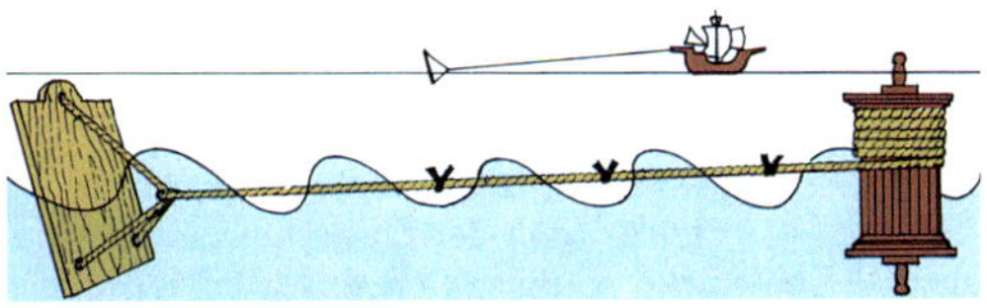

8 **Log mit Knoten.** Zeichnung.

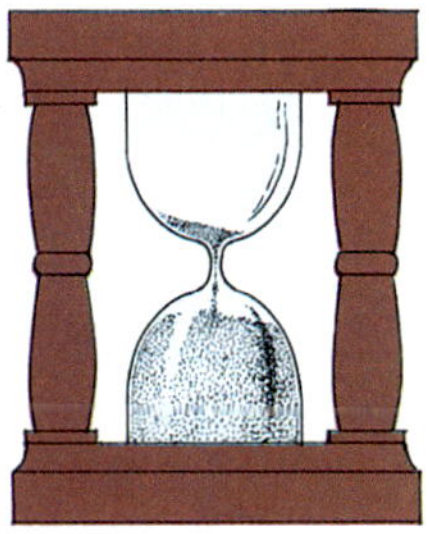

9 **Sanduhr.** Zeichnung.

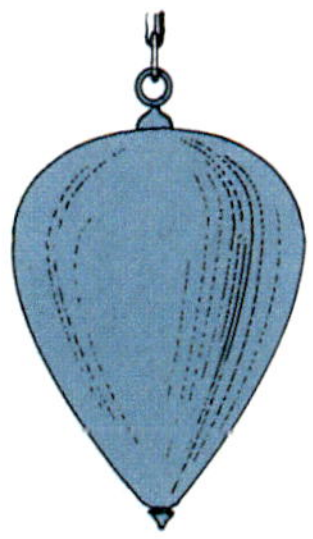

10 **Lot (Gewicht an markierter Leine).** Zeichnung.

Entdeckungsfahrten

*Die „**Santa Maria**", das Schiff des Kolumbus:*
Länge: 21 m
Verdrängung: 240 t
Besatzung: 40 Mann

*Die „**Knock Nevis**", das derzeit größte (Tank-)Schiff der Welt:*
Länge: 458 m
Verdrängung: 564 000 t

1 Schnitt durch die Karavelle „Santa Maria", das Schiff des Kolumbus. ① Admiralskajüte, ② Steuerruder, ③ Kompass, ④ Luke zum Schiffsladeraum, ⑤ Entwässerungspumpe, ⑥ Hebevorrichtung für Anker und Segel, ⑦ Waffen- und Munitionskammer, ⑧ Essensvorräte, ⑨ Wasservorrat, ⑩ Lagerraum/Weinfässer, ⑪ Abstellkammer für Segel, Lagerraum für Seile, ⑫ Steine als Ballast.

Auf dem Seeweg nach Indien?

1 *Seht euch die Zeichnung 1 an und erklärt, wozu die dort gezeigten Dinge auf die Seereise mitgenommen wurden.*

Christoph Kolumbus, geboren 1451 in Genua, fuhr seit seinem 14. Lebensjahr zur See. Auf diesen Fahrten lernte er die technischen Neuerungen und Erfindungen seiner Zeit kennen. Gleichzeitig informierte er sich über die neuesten Erkenntnisse der Sternenkunde, Kartografie* und Seefahrt. Beides machte ihn zu einem erfahrenen Seefahrer.

Kartografie*: *Lehre und Technik, Karten herzustellen. Die ersten aussagekräftigen Karten stammen von den Griechen der Antike. Mit den Entdeckungsfahrten des 15. und 16. Jahrhunderts erlebte die Kartografie einen neuen Aufschwung.*

Mit Waren aus Indien und China hatten europäische Kaufleute lange Zeit regen Handel getrieben. Begehrt waren vor allem Seidenstoffe sowie Gewürze. Die wichtigsten Handelswege verliefen dabei von Europa über Konstantinopel nach Indien. Im Jahr 1453 eroberten die Türken Konstantinopel (das heutige Istanbul/Türkei). Sie konnten nun die Preise bestimmen. Wenn die Waren auf dem Landweg zu teuer wurden, musste man es eben auf dem Seeweg versuchen. Im Auftrag ihres Königs suchten portugiesische Seeleute jahrzehntelang nach einem Weg um die Südspitze Afrikas. Jedes Mal drangen sie ein Stück weiter vor.

Kolumbus sah eine andere Möglichkeit. Er wollte Indien erreichen, indem er nicht – wie sonst üblich – in östliche Richtung segelte, sondern westwärts fuhr.

Bestärkt in seinem Vorhaben wurde er von Paolo Toscanelli, einem berühmten Arzt und Astronomen aus Florenz.

Toscanelli schrieb an Kolumbus:

Q1 … Ich habe Kenntnis genommen von deinem hochherzigen und großartigen Plan, auf dem Weg nach Westen, den dir meine Karte anzeigt, zu den Ländern des Ostens zu segeln. Besser hätte es sich mithilfe einer runden Kugel klarmachen lassen. Es freut mich, dass du mich richtig verstanden hast. Der genannte Weg ist nicht nur möglich, sondern wahr und sicher …

Neun Jahre lang bemühte sich Kolumbus zunächst beim portugiesischen, dann beim spanischen König um Unterstützung. Im Jahr 1492 erhielt er vom spanischen König und der Königin drei Schiffe, von denen das größte, die „Santa Maria", 21 Meter lang und sechs Meter breit war (Abbildung 1).

2 *Erklärt den Vorteil für den Seehandel, wenn Kolumbus Indien auf dem westlichen Seeweg erreichen könnte.*

Eine Fahrt bis an das Ende der Welt?

Vor seiner Abreise ernannte der spanische König Kolumbus zum Vizekönig sämtlicher Inseln und aller Länder, die er entdecken würde. Am 3. August 1492 verließ Kolumbus mit drei Schiffen den spanischen Hafen Palos.

Kolumbus will nach Indien und landet in Amerika

2 **Landung des Kolumbus auf der Insel Guanahani.** Kolorierter Kupferstich, 1594.

__Christoph Kolumbus__ (1451–1506) aus Genua in Italien wurde im Zuge seiner ersten Entdeckungsreise des Jahres 1492 zum spanischen Vizekönig der neu entdeckten Länder und zum Großadmiral ernannt. Hauptantrieb seiner Reisen war seine Gier nach Gold und Reichtum. Auf der Insel Hispaniola (östlich von Kuba gelegen) herrschte er derart grausam, dass er im Jahr 1500 im Auftrag des spanischen Königs abgesetzt und verhaftet wurde.
Kolumbus starb 1506. Erst nach seinem Tod wurde erkannt, dass er einen neuen Kontinent entdeckt hatte.

In sein Bordtagebuch schrieb Kolumbus:

Q2 … Bevor ich die erste Zeile niederschreibe, weihe ich dieses Buch der allergnädigsten Jungfrau Maria. Sie möge meine Gebete erhören und mich das finden lassen, was ich suche: INDIEN …

Woche um Woche fuhren die Schiffe westwärts. Die Vorräte wurden langsam knapp, die Schiffsbesatzung unruhig. Weit und breit war kein Land zu sehen. War die Erde doch nur eine Scheibe, wie die Matrosen glaubten? „In ihren Augen" – so notiert Kolumbus in sein Tagebuch – „sehe ich nur Hass."
Doch Kolumbus hielt unbeirrt an seinem Kurs fest. Endlich, am 12. Oktober 1492, wurde Land gesichtet. Im Namen des spanischen Königs ergriff Kolumbus von der Insel Besitz und nannte sie San Salvador. Das heißt auf deutsch „Heiliger Erlöser". Die Bewohner nannten ihre Insel Guanahani.

Kolumbus schrieb über die Inselbewohner:

Q3 … Die Eingeborenen sind ohne Zweifel gutmütig und sanft. Da ich ihre Freundschaft gewinnen wollte, gab ich einigen von ihnen ein paar bunte Mützen und Halsketten aus Glasperlen und andere Dinge von geringem Wert, worüber sie sich ungemein freuten … Sie sind gewiss hervorragende Diener. Sie haben einen aufgeweckten Verstand, denn ich sehe, dass sie sehr schnell alles nachsagen können, was man ihnen vorspricht …

3 *Schildert den Verlauf der Entdeckungsreise des Kolumbus. Beginnt mit den neuen Möglichkeiten für die Seefahrt (siehe S. 10/11).*

4 *Beschreibt Abbildung 2. – Wie werden die Inselbewohner, wie die Spanier dargestellt? Warum wird ein Kreuz errichtet? Beachtet bei euren Überlegungen, wann Kolumbus San Salvador entdeckte und wann das Bild gemalt wurde.*

5 *Schreibt einen Bericht über die Ankunft des Kolumbus aus der Sicht eines Spaniers und eines Inselbewohners.*

1492:
Kolumbus entdeckt Amerika.

Lesetipp:
Brigitte Coppin/ Sabine Herting: Die großen Entdeckungsreisen. Weltgeschichte für junge Leser. Knesebeck, München 2005.

Von Kolumbus bis Magellan

1508 ernannte der König von Spanien den Italiener **Amerigo Vespucci** zum obersten königlichen Seelotsen. Auf drei Fahrten erkundete er die „Neue Welt“. Seine Karten waren so genau, dass die Seeleute die „Neue Welt“ bald nur noch „Amerigos Land“ oder **Amerika** nannten.

Ferdinand Magellan (1480–1521).

Skorbut*: Krankheit, die durch einen Mangel an Vitamin C verursacht wird. Die Leistungsfähigkeit lässt stark nach und kann zum Tod durch Herzschwäche führen. Grund für das häufige Auftreten von Skorbut auf See war die vitaminarme Ernährung.

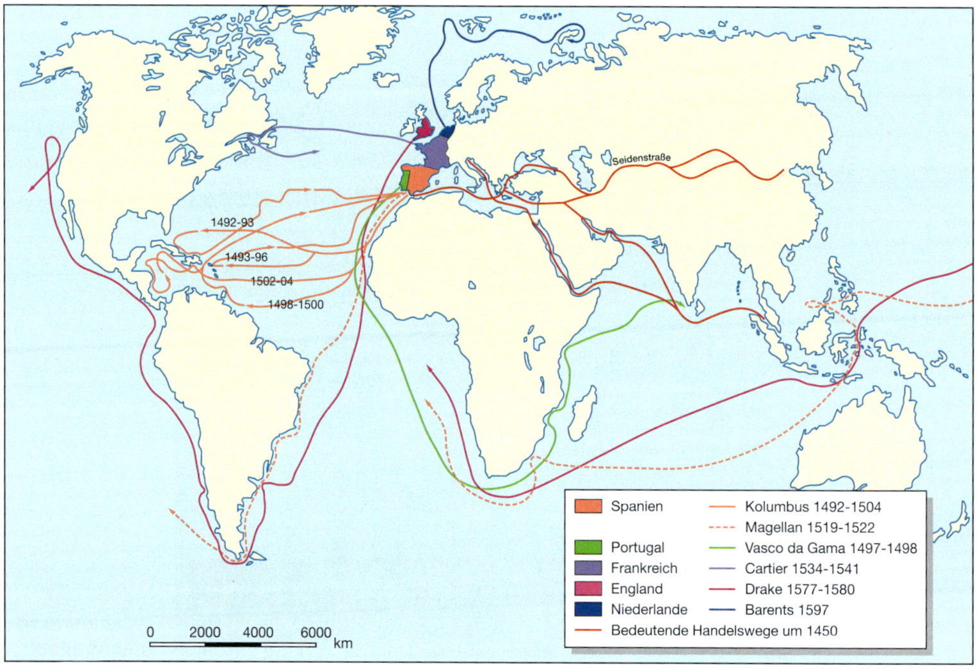

1 **Wichtige Entdeckungsfahrten im 15. und 16. Jahrhundert.**

Kolumbus’ Rückkehr

In den nächsten Tagen und Wochen entdeckte Kolumbus weitere Inseln, z. B. Kuba und Haiti. Reich beladen mit Gold, Silber und Gewürzen und laut umjubelt kehrte er im April 1493 nach Spanien zurück. Die Menschen staunten über ihnen bisher unbekannte Pflanzen und Tiere (z. B. Papageien) und über die Eingeborenen, die Kolumbus gezwungen hatte, mitzureisen. Kolumbus nannte die Inselbewohner „Indianer“, weil er glaubte, auf indischen Inseln gelandet zu sein.

Seeweg nach Indien

Nach Kolumbus gingen viele weitere Seefahrer auf Entdeckungsreisen. Einer von ihnen war der Portugiese Vasco da Gama (1469–1524). Er brach am 8. Juli 1497 mit vier Schiffen auf, um einen östlichen Seeweg nach Indien zu finden. Er segelte südwärts um Afrika herum, und dann in nordöstlicher Richtung weiter. Tatsächlich erreichte er am 20. Mai 1498 den indischen Hafen Caligut. Vasco da Gama hatte einen Seeweg nach Indien gefunden. Bei seiner Rückkehr nach Lissabon 1499 waren es noch drei Schiffe, voll beladen mit kostbaren Gewürzen und Seide. So wurde die Reise ein wirtschaftlicher Erfolg, den aber viele Seeleute mit dem Leben bezahlen mussten. Sie waren an Skorbut* gestorben.

Erste Weltumsegelung

Unter dem Kommando Ferdinand Magellans begann im Auftrag der spanischen Krone 1519 die erste Weltumsegelung in westlicher Richtung. Er umrundete die Südspitze Südamerikas und erreichte im November 1520 die Südsee. Weil das Wetter mild und das Meer ruhig war, gab Magellan dem Ozean den Namen „mar pacifico“ (= ruhiges Meer: Pazifik).

Die Verluste dieser Weltumsegelung waren hoch: Magellan selbst starb am 27. April 1521 auf einer Insel der Philippinen. Von den ehemals fünf Schiffen kehrte 1522 nur noch eines nach Spanien zurück.

1 *Nennt mithilfe der Karte 1 Namen und Fahrtrouten weiterer Entdecker. Nehmt die Methode „Geschichtskarten lesen und auswerten“ von Seite 135 zu Hilfe.*

2 *Bildet Arbeitsgruppen. Jede Gruppe informiert sich in Sachbüchern oder dem Internet über einen Entdecker und berichtet der Klasse darüber.*

Methode:
Historische Karten und Geschichtskarten untersuchen

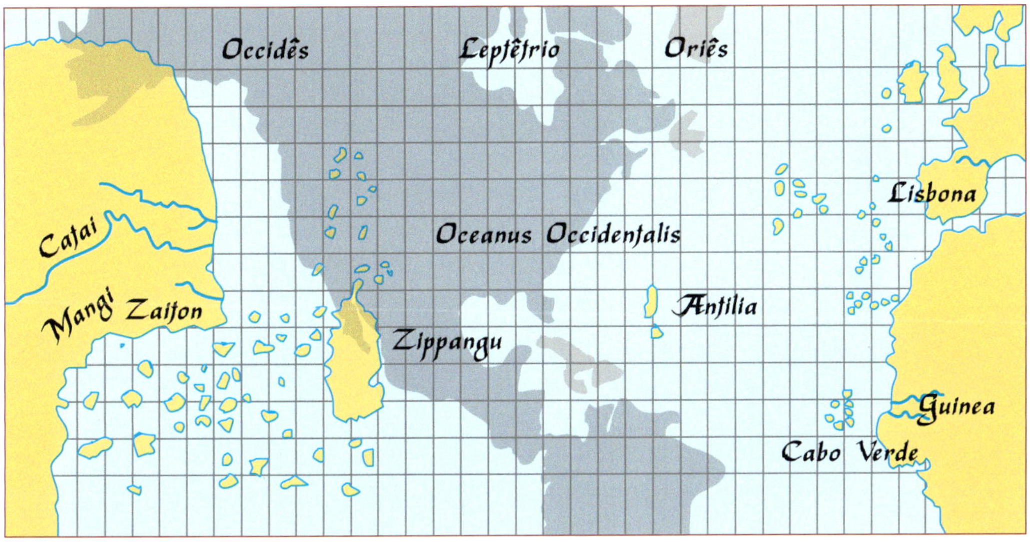

1 Die Weltkarte von Paolo Toscanelli um 1470. Die dunkel getönte Fläche wurde nachträglich eingezeichnet. Sie zeigt den amerikanischen Kontinent, von dessen Existenz Toscanelli und seine Zeitgenossen nichts wussten.

Es bedeuten:
Lisbona = Lissabon
Cabo Verde = Kap Verde
Antilia = Antillen
Zippangu = Japan
Mangi = Indien (mit der Hafenstadt Zaiton)
Catai = China

Toscanellis Weltkarte

Paolo Toscanelli (1397–1482) schrieb im Jahre 1477 in einem Brief an einen Priester in Lissabon alles auf, was er von der Welt und ihren Kontinenten wusste. Indien – so berichtet er – liegt im Westen, genau gegenüber von Portugal und der afrikanischen Küste.
Und weiter heißt es:

Q1 … Die geraden Linien, die waagerecht über diese Karte laufen, zeigen die Entfernungen von Ost nach West. Die senkrechten Linien zeigen die Entfernungen von Nord nach Süd.
Ich habe auf der Karte auch verschiedene Orte eingezeichnet, wo man Zuflucht suchen kann im Falle eines Sturmes oder anderer Probleme. Von der Stadt Lissabon sind es Richtung Westen 26 Abschnitte auf der Karte, jeder davon steht für 250 Meilen [1 Meile = 5,5 km] … und hinter der Insel Antilia … bis zu der sehr vornehmen Insel Cipango sind es zehn Abschnitte, was 2500 Meilen entspricht …

1 *Zeigt auf der Toscanelli-Karte (Abbildung 1) und in einem heutigen Atlas die Erdteile Europa, Afrika und Asien.*

2 *Vergleicht die Darstellung der Erde auf der Karte des Toscanelli mit der Darstellung auf einer heutigen Geschichtskarte. – Welche Übereinstimmungen und welche Unterschiede stellt ihr fest? Seht euch dazu auch die Karte 1 auf der gegenüberliegenden Seite genau an.*

3 *Erklärt mithilfe der Abbildung 1 und eines Atlas, worin sich Toscanelli und auch Kolumbus geirrt haben.*

Arbeit mit historischen und heutigen Geschichtskarten

Historische Geschichtskarten stammen von Wissenschaftlern aus früheren Jahrhunderten. Sie sammelten Erzählungen und Aufzeichnungen von Seefahrern und Entdeckern und erarbeiteten aus deren Erkenntnissen Karten. Diese Karten sind daher für uns heute eine wichtige Quelle, denn sie zeigen uns, wie sich die Menschen damals die Erde vorstellten.
Wenn man mit einer historischen Karte arbeitet, sind folgende Fragen wichtig:

- Aus welcher Zeit stammt die Karte?
- Welche Kontinente oder Länder sind dargestellt?
- Enthält die Karte Angaben zu den Entfernungen?
- Wie sind die Land- und Wasserflächen in der Karte verteilt?
- Wozu soll die Karte dienen?

4 *Vergleicht jetzt die historische Karte mit der Geschichtskarte (siehe S. 14). – Welche Unterschiede stellt ihr fest?*

Werkstatt Geschichte: Bilder erzählen Geschichte

1 **Christoph Kolumbus.** Gemälde von Sebastiano del Piombo, 1519. Als das Bild gemalt wurde, war Kolumbus bereits 13 Jahre tot.

2 **Christoph Kolumbus.** Szene aus dem Film „1492" mit dem französischen Schauspieler Gérard Depardieu in der Hauptrolle, 1992.

1 *Gebt den Eindruck wieder, den die Darstellungen des Kolumbus auf den Abbildungen 1 und 2 auf euch machen.*

3 **Roald Amundsen erreichte 1911 mit vier Begleitern den Südpol.**

2 *Zu Lebzeiten des Kolumbus wurde kein Bild von ihm angefertigt. Stellt zusammen, wie der Maler im Jahr 1519 und wie die Filmemacher im Jahr 1992 vorgegangen sein könnten, um ihre Vorstellung des Kolumbus zu finden. Vergleicht die Darstellungen miteinander und stellt Gemeinsamkeiten und Unterschiede fest.*

3 *Beschreibt die Abbildungen 3 und 4 und überlegt, was an den Entdeckungen das Besondere war.*

4 *Informiert euch mithilfe von Lexika und des Internets über Roald Amundsen und Neil Armstrong.*

5 *Sammelt Bilder von der Raumfahrt und stellt daraus eine Wandzeitung zusammen.*

6 *Überlegt, was die Forscher und Entdecker wohl antrieb.*

4 **Neil Armstrong betrat am 20. Juli 1969 als erster Mensch den Mond.**

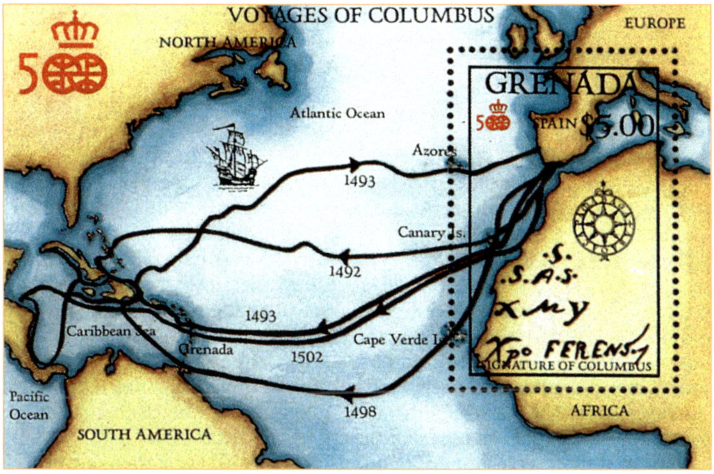

5 **Die Routen der vier Reisen des Kolumbus (links); Bildnis des Kolumbus, das dem Maler Ghirlandajo (1483–1561) zugeschrieben wird (rechts).** Aus einem Briefmarkenblock Grenadas, 1987.

Wo genau Kolumbus das erste Mal den Boden der „Neuen Welt“ betrat, ist nicht genau bekannt. Einige meinen, es sei die Insel Guanahani gewesen, die später von den Spaniern in San Salvador umgetauft worden ist. Andere halten das 100 km südöstlich gelegene Samana Cay für wahrscheinlich.

Sicher ist nur, dass die vielen Inseln der Karibik noch heute mit dem großen Entdecker Kolumbus werben. Doch – sind die Inseln der karibischen See auch heute noch so paradiesisch, wie sie Kolumbus in seinem Bordbuch beschrieben hat? Bilder, wie wir sie aus Reiseprospekten kennen, und die tatsächliche wirtschaftliche und soziale Situation der Bewohner dieser Inselstaaten passen nicht so recht zusammen.

7 *Beschreibt die Abbildungen 6 und 7 und vergleicht die Lebensumstände der dargestellten Personen.*

8 *Besorgt euch weiteres Informationsmaterial zu den Karibikstaaten und berichtet von ihrer wirtschaftlichen Situation.*

6 **Kinder auf Nahrungssuche.**

7 **Strand auf der Karibikinsel Aruba.**

Eine indianische Hochkultur

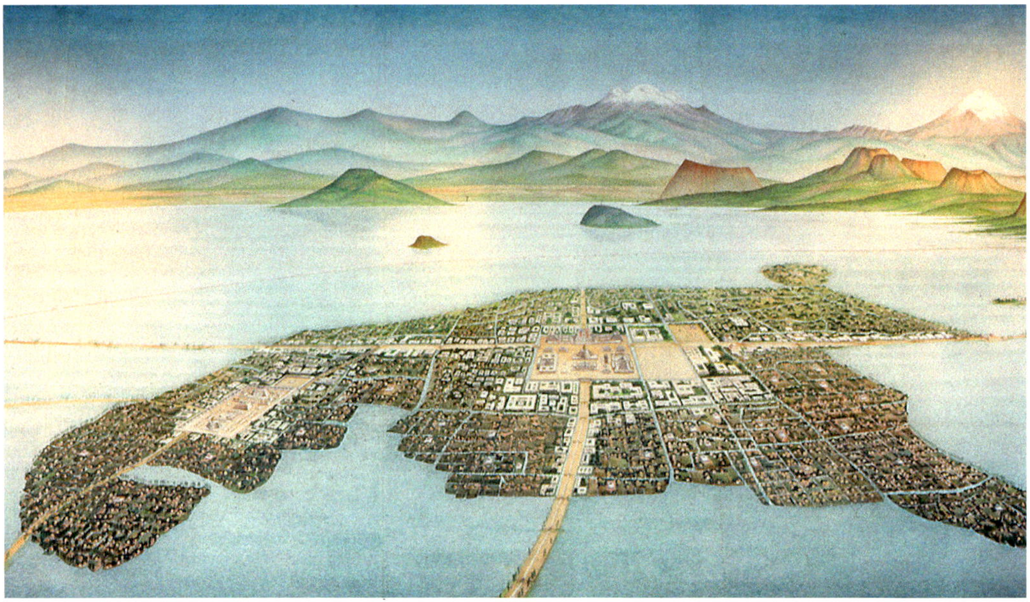

1 Tenochtitlán. Breite Straßendämme verbinden die Hauptstadt der Azteken, angelegt in einem Salzsee, mit dem Festland. Moderne Rekonstruktion.

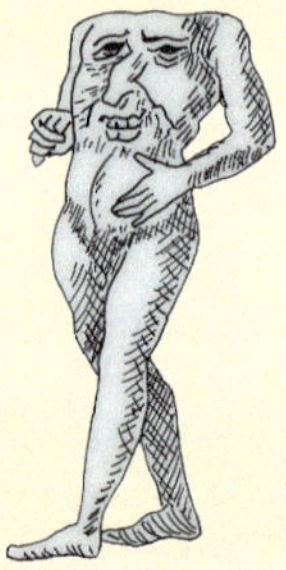

So stellten sich die Europäer die Bewohner in den unbekannten Ländern vor. Aus einem französischen Reisebuch des 14. Jahrhunderts.

Konquistadoren*: *Die spanischen und portugiesischen Eroberer Mittel- und Südamerikas im 16. Jahrhundert. Durch ihre Expeditionen wurden die indianischen Reiche, etwa der Inkas und Azteken, erobert, ausgeplündert und zerstört. Bekannteste Konquistadoren waren u. a. Hernando Cortez und Francisco Pizarro.*

Tenochtitlán: Hauptstadt der Azteken

Die Europäer entdeckten in der Neuen Welt zwei große und blühende Reiche: das Reich der Azteken im heutigen Mexiko und das Reich der Inkas im heutigen Peru.

Die Hauptstadt des Aztekenreiches hieß Tenochtitlán (siehe Abbildung 1, S. 20/21), das heutige Mexiko-Stadt. Die Stadt lag in einer Höhe von 2260 m in einem Salzsee.

Über diese Stadt berichtete der spanische Konquistador* Hernando Cortez 1520:

Q1 … Die Hauptstadt Tenochtitlán liegt in einem salzigen See. Sie hat vier Zugänge, alle über Steindämme führend, die von Menschenhand erbaut sind. Sie sind etwa zwei Lanzen [ca. 5–7 Meter] breit. An einem der Dämme laufen zwei Röhren aus Mörtelwerk entlang, jede etwa zwei Schritte breit und eine Mannslänge hoch. Durch eine Röhre kommt ein Strom süßen Wassers bis in die Mitte der Stadt. Alle Menschen nehmen davon und trinken es. Die andere Röhre wird benutzt, wenn die erste gereinigt wird …

Die Stadt hat viele öffentliche Plätze, auf denen ständig Markt gehalten wird. Dann hat sie noch einen anderen Platz …, wo sich täglich mehr als 60 000 Einwohner treffen: Käufer und Verkäufer von Lebensmitteln, Kleinodien aus Gold, Silber, Blech … Außerdem verkauft man Steine, Bauholz, Kalk und Ziegelsteine …

Es gibt Apotheken …, es gibt Häuser, wo man für Geld essen und trinken kann. Es gibt Leute zum Lasttragen …

Es gibt in dieser Stadt viele sehr gute und große Häuser, weil alle großen Herren des Landes … ihre Häuser in der Stadt haben …

An allen Eingängen der Stadt, wo die Kähne ausgeladen werden, also an den Stellen, durch die der größte Teil der Lebensmittel in die Stadt gelangt, sind Hütten gebaut. In ihnen halten sich Wachtposten auf, die eine Abgabe von allem erheben, was in die Stadt gebracht wird. Ich weiß aber nicht, ob diese Beträge für den Herrscher oder für die Stadt erhoben werden …

1 *Fasst den Bericht von Cortez in eigenen Worten zusammen.*

2 *Erklärt, warum er so beeindruckt war.*

3 *Beschreibt die Abbildung 1 und S. 20/21 mithilfe von Q1.*

Die Azteken

2 **Gewürzmarkt von Tenochtitlán.** Rekonstruktion.

Der aztekische Staat

An der Spitze des aztekischen Staates stand ein mächtiger Herrscher. Er war Oberbefehlshaber der Armee und oberster Priester. Ihm zur Seite standen Adlige. Sie waren tätig als königliche Ratgeber, Richter, Offiziere oder Priester. Die Söhne der Adligen lernten in den Priesterschulen Lesen, Schreiben, die Kalenderkunde und vor allem auch Geschichte. Zusammen mit den Jungen der übrigen Bevölkerung wurden sie zudem in Kampfsportarten unterrichtet. Außerdem gab es Architekten und Künstler, die für den religiösen Kult prachtvolle Pyramiden bauten.

Die große Mehrheit der Bevölkerung bestand aus Handwerkern, Bauern, Fischern oder Sklaven. Ihre Frauen mussten ebenso wie sie selbst hart arbeiten. Viele Stunden brachten die Frauen täglich damit zu, den Mais für die Tortillas zu mahlen. Die Kleidung für die ganze Familie stellten sie auf Webrahmen her. Außerdem wurden sie regelmäßig zu Arbeiten im Palast eines Adligen verpflichtet.

4 *Entwerft ein Schaubild, das die Rangordnung im Aztekenreich zeigt.*

Kindererziehung

Für die Erziehung ihrer Kinder, ob adlig oder nicht, gab es bei den Azteken ganz klare Anweisungen, welche die Eltern ihren Kindern von frühester Jugend an immer wieder vorsprachen.

Anweisungen der Eltern für ihre Kinder:

Q2 … In Frieden mögest du mit anderen Leuten leben. Sei nicht unüberlegt, handle nicht überstürzt.

Habe Respekt und Ehrfurcht vor jedem anderen. Sei nicht anmaßend gegenüber anderen Menschen. Sei nicht unverschämt und verneige dich, wie du dich verneigen sollst.

Sei nicht hochmütig.

Widersprich den Leuten nicht.

Sei geduldig und beherrscht, denn dich sieht unser Herr, denn er wird dir zürnen, er wird sich rächen (wenn du diese Gebote nicht befolgst) …

5 *Erläutert die Anweisungen zur Erziehung der Kinder (Q2).*

6 *Vergleicht diese Anweisungen mit heutigen Erziehungszielen.*

Ansicht von Tenochtitlán. Wandgemälde von Diego Rivera, Nationalpalast (Mexiko) 1926–1945.

Goldgierige Eroberer

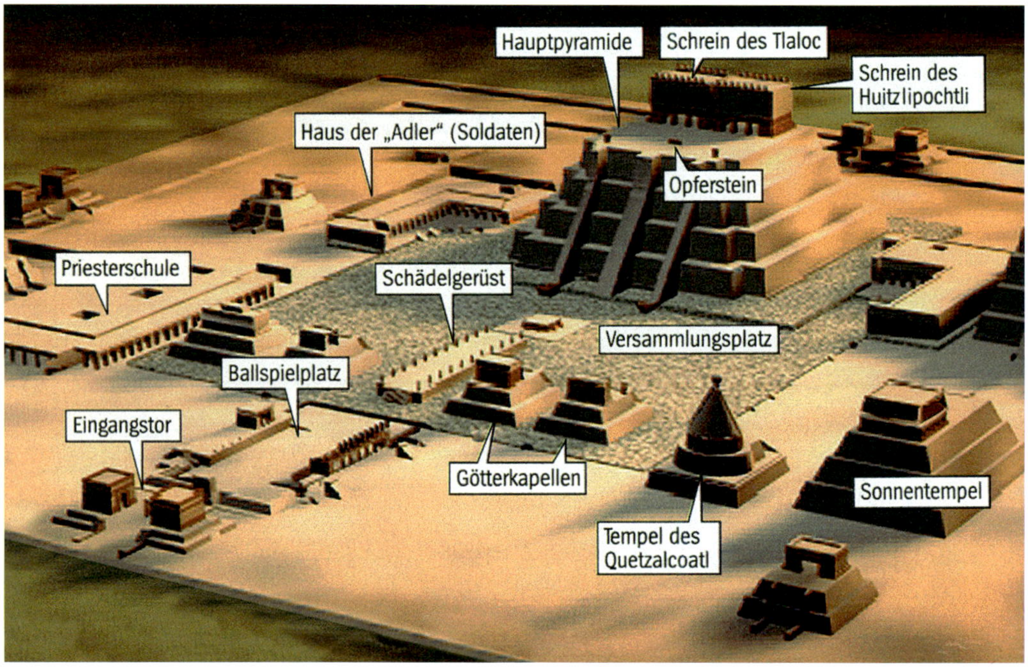

1 **Das etwa 500 Meter lange, religiöse Zentrum von Tenochtitlán.** Rekonstruktion.

Ankunft der „Götter"

Es gab bei den Azteken eine alte Sage von dem Gott Quetzalcoatl, der den Menschen den Ackerbau und das Handwerk gebracht hatte. Er lebte – so hieß es in der Überlieferung – vor einigen Hundert Jahren als König der Azteken, bis er vertrieben wurde. „Am Tage der Wiederkehr meiner Geburt werde ich wiederkommen", so hatte er damals gesagt. Das konnte nach dem Kalender der Azteken nur das Jahr 1363, 1467 oder 1519 sein.

Es war das Jahr 1519, als ein einfacher Mann zu Moctezuma, dem König der Azteken, kam. Er sagte zum König:

Q1 … Herr und König. Vergib mir meine Kühnheit … Als ich an die Küste des großen Meeres ging, schwamm da eine Reihe von Bergen mitten auf dem Wasser. Mein Herr, wir haben nie zuvor so etwas gesehen …

Die „Berge" waren die Schiffe des spanischen Eroberers Cortez. Er landete 1519 an der mexikanischen Küste. Von dort marschierte er mit 300 Soldaten nach Tenochtitlán. Moctezuma erschrak. Waren das die Boten des Gottes? Er schickte ihnen Gesandte entgegen, die sie zur Umkehr drängen sollten. Doch Cortez ließ sich nicht aufhalten. Wenige Tage später erreichte er Tenochtitlán.

Voller Ehrfurcht wurde er von Moctezuma begrüßt und nach seinen Wünschen gefragt. Cortez entgegnete ihm: „Ich und meine Gefährten leiden an einer Krankheit des Herzens, die nur mit Gold geheilt werden kann." Moctezuma führte sie zum Schatzhaus.

In einem aztekischen Bericht hieß es:

Q2 … Alles Gold rafften die Spanier zu einem Haufen … Das ganze Schatzhaus durchwühlten sie, drängten und fragten und griffen nach allem, was ihnen gefiel … Nur nach Gold hungerten und dürsteten sie. Gefräßig wurden sie in ihrem Hunger nach Gold, wie hungrige Schweine wühlten sie nach Gold …

1 *Beschreibt das Aufeinandertreffen der Azteken und der Spanier mithilfe des Textes, Q1 und Q2.*

2 *Erklärt, warum sich Moctezuma gegenüber den Spaniern so ehrfurchtsvoll verhielt.*

1519:
*Im Auftrag der spanischen Krone landete **Hernando Cortez** im heutigen Mexiko. Im Landesinnern entdeckte er das mächtige Reich der Azteken, das er mit seinen Truppen innerhalb von zwei Jahren völlig zerstörte.*

Die Religion der Azteken

2 **Menschenopfer.** Illustration aus einer zeitgenössischen aztekischen Handschrift.

3 **Mönche stecken Götterfiguren der Azteken mit Fackeln in Brand.**

Menschenopfer

Mittelpunkt Tenochtitláns war aber nicht das Schatzhaus, sondern der große Tempel im Zentrum der Stadt. Die Religion spielte nämlich im Leben der Azteken eine sehr große Rolle. Sie glaubten an viele Götter, die in das Leben der Menschen immer wieder eingriffen. Der wichtigste Gott war der Sonnengott Huitzlipochtli, denn die Sonne galt den Azteken als Voraussetzung für alles Leben auf der Erde.

Eine Wissenschaftlerin schrieb:

M1 … Man stellte sich Huitzlipochtli als jungen Krieger vor, der von der Erdgöttin Coatlicue jeden Morgen geboren wird, aber jeden Abend stirbt und in der Erde verschwindet.

Als Krieger muss er täglich seine Brüder, die Sterne, und seine Schwester, den Mond, besiegen. Um den alltäglichen Kampf zu bestehen, musste er von den Menschen ausreichend ernährt werden, was ausschließlich mit „köstlicher Flüssigkeit", d.h. Menschenblut, möglich war. …

Da auch die übrigen aztekischen Götter mit menschlichem Blut versorgt werden mussten, wurden jedes Jahr Tausende im „Großen Tempel" geopfert.

Tenochtitlán wird zerstört

Als die Spanier begannen, die aztekischen Götterbilder und Statuen zu zerstören, kam es im Jahr 1520 zum Aufstand. Cortez musste mit seinen Soldaten fliehen, er kam aber im folgenden Jahr schon zurück und schloss die Stadt ein. Die Belagerung dauerte 93 Tage. Dann wurde Tenochtitlán erstürmt und dem Erdboden gleichgemacht.

In einem Bericht heißt es:

Q3 … In den Häusern, im See und auf dem Land, in den Kanälen und auf vielen Plätzen lagen überall Leichen und Totenköpfe. Cortez selbst war übel geworden …

Die Luft war so verpestet, dass die Azteken darum baten, den Abzug sämtlicher Einwohner zu gestatten. Drei Tage und drei Nächte waren die Ausfallstraßen und die Dämme mit langen Zügen von erbärmlichen Gestalten bedeckt. Männer, Frauen und Kinder schleppten ihre entkräfteten Körper aus der Stadt, ein jammervoller Leichenzug …

3 *Ein Spanier berichtet in einem Brief von den Menschenopfern bei den Azteken. – Was könnte er geschrieben haben?*

4 *Beurteilt das Vorgehen der Spanier. – Seht euch dazu auch Abbildung 3 an.*

*Die **Götter des Feuers und des Wassers** waren die ältesten Götter der Azteken. Der Gott des Feuers trug eine Schale für die Flammen auf seinem Rücken. Der Regengott Tlaloc war bei allen Völkern Mexikos ein übermächtiger Herr. Jeder Berg hatte seinen Tlaloc, der die Regenwolken einsammelte und sie über den Himmel verteilte.*

***Moctezuma** wird als Gefangener in Eisen gelegt. Holzstich.*

Kolumbus und die Folgen

1 **Gezüchtigte Indianer.** Illustration aus den Schriften des Bartolomé de las Casas.

2 **Bevölkerungsentwicklung Mexikos 1519–1580.**

Die Ausbeutung der Kolonien

Hauptziel der spanischen Herrschaft in Amerika war es, so viel wirtschaftlichen Gewinn wie möglich aus den Kolonien nach Spanien zu ziehen. Deshalb wurde die gesamte Wirtschaft, besonders der Handel, von Spanien aus gelenkt und kontrolliert. Überall, wo es Bodenschätze gab, wurden Bergwerke angelegt. Der König von Spanien bekam von allem Gold und Silber ein Fünftel als Steuer. Deswegen achteten die königlichen Beamten genau auf die Produktion. Die jährlichen Silberlieferungen nach Spanien stiegen von 17 500 Kilogramm im Jahr 1550 auf 270 000 Kilogramm im Jahr 1600.

Reichen Gewinn erwirtschafteten die europäischen Eroberer auch in der Landwirtschaft. Die Felder der Indios wurden an die wenigen Eroberer verteilt. So entstanden große landwirtschaftliche Güter: Latifundien. Auf ihnen wurde vor allem angebaut, was man in Europa benötigte, also z. B. Zucker, Tabak, Baumwolle oder Mais. Die Plantagenbesitzer beschränkten sich meist auf die Anpflanzung eines Produkts. Bis heute sind diese Monokulturen charakteristisch für die Landwirtschaft Südamerikas.

1 *Erklärt den Begriff „Monokultur".*

2 *Informiert euch über die Vor- und Nachteile von Monokulturen.*

Indianer – Menschen ohne Rechte?

Die Indios mussten unter den härtesten Bedingungen auf den Latifundien und in den Bergwerken Sklavenarbeit leisten. Auch der kleinste Widerstand wurde grausam bestraft (Abbildung 1).

Der Dominikanermönch Bartolomé de las Casas schrieb an den spanischen König:

Q1 … Ein königlicher Beamter erhielt 300 Indios als Arbeitskräfte zugeteilt. Nach drei Monaten hatte er durch die Arbeiten in den Gruben 270 davon zu Tode gebracht, sodass ihm nur der zehnte Teil blieb. Danach gab man ihm wiederum dieselbe Zahl und noch mehr, doch er brachte sie wieder um, und je mehr man ihm gab, desto mehr mordete er … In drei oder vier Monaten starben in meinem Beisein mehr als 7000 Kinder, weil ihre Väter und Mütter in die Gruben geschickt wurden …

Folter, Hunger und unmenschliche Arbeitsbedingungen brachten unzähligen Indios den Tod. Millionen Indios fielen den Krankheiten wie Typhus, Masern und Pest, die ihnen bisher unbekannt gewesen waren, zum Opfer.

3 *Schreibt stichwortartig auf, welche Ziele mit der Kolonialisierung erreicht werden sollten.*

4 *Erläutert mit Hilfe von Schaubild 2 die Folgen der Eroberungen für die einheimische Bevölkerung.*

Kolumbus und die Folgen

3 **Die Ankunft von Cortez in Vera Cruz.** Gemälde von Diego Rivera, 1930.

Eroberer und Missionare
Für den spanischen König war es selbstverständlich, dass seine Untertanen Christen waren. Deshalb wurden auf seinen Befehl hin viele Mönche nach Mexiko geschickt. Sie führten, notfalls mit Gewalt, überall den christlichen Glauben ein. Die Tempel wurden zerstört, die Götterstatuen verbrannt. Die Indios wurden gezwungen, sich taufen zu lassen.
Der Mönch Peter von Gent berichtete im Jahr 1529:

Q2 ... In dieser Provinz Mexiko haben ich und ein anderer Mitbruder mehr als zweihunderttausend Menschen getauft. Jede Provinz, Ortschaft und Pfarrei hat ihre Kirche. Meine Aufgabe ist es, zu predigen und zu lehren. Während des Tages lehre ich Schreiben, Lesen und Singen. Nachts lese ich den christlichen Katechismus* vor und predige ...

Neben Mönchen, die Indianer wie Sklaven für sich arbeiten ließen, um sich selber nach Kräften zu bereichern, gab es aber auch Mönche, die sich um die rechtlosen Einwohner selbstlos kümmerten.
In ihren Gemeinden wurden Indios nicht unterdrückt und ausgebeutet. Für Kranke und Arme sorgten sie, so gut es ging. Um sich besser mit den Indios verständigen zu können, erlernten sie ihre Sprache.
Die spanischen Beamten förderten die Missionierung*. Sie verfolgten damit aber andere Ziele. Durch den christlichen Glauben sollten die „wilden Indios" an die spanische Lebensweise gewöhnt und zu gehorsamen Untertanen erzogen werden.

5 *Beschreibt Abbildung 3. Achtet besonders auf das Verhalten der Spanier.*

6 *Schreibt zu diesem Bild eine kurze Geschichte, einmal aus der Sicht eines Spaniers, dann aus der Sicht eines Indianers.*

7 *Schildert anhand des Textes das unterschiedliche Vorgehen der Mönche.*

8 *Schreibt einen kurzen Artikel, in dem ihr berichtet, wie der christliche Glauben in den eroberten Gebieten verbreitet wurde.*

Missionierung*: *(lat: missio = Sendung). Verbreitung des christlichen Glaubens. In der Vergangenheit geschah dies oft gewaltsam.*

Katechismus*: *Handbuch der Unterweisung in den Grundfragen des christlichen Glaubens.*

Die „Neue Welt" wird europäisch

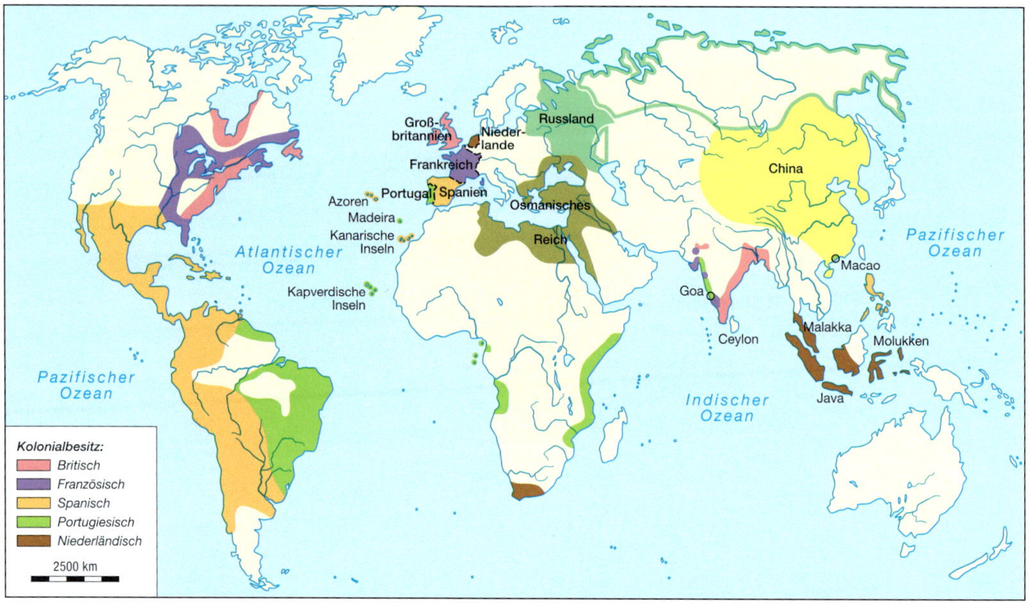

1 **Die europäischen Kolonialreiche um 1760.**

Englische Kolonien in Nordamerika

Der Reichtum Spaniens verlockte auch andere europäische Staaten dazu, Kolonien zu gründen. Vor allem Frankreich, die Niederlande und England sahen darin eine Möglichkeit, in kurzer Zeit große Gewinne zu erzielen. Da Südamerika von Spanien und Portugal bereits in Besitz genommen war, wandten sich diese Staaten jetzt Nordamerika zu.

Im Jahr 1590 schrieb z. B. Richard Hakluyt, ein englischer Geograph:

Q1 ... England ist in den vergangenen einhundert Jahren dank einer besonderen Ware, der Wolle, zu größerem Reichtum aufgestiegen ... Und nun geschieht es, dass aufgrund der großen Anstrengung zur Ausdehnung des Wollhandels in Spanien und Westindien die Wolle aus England und die daraus gefertigte Kleidung an Wert verliert. Falls das englische Königreich nicht in die alte Bedeutungslosigkeit zurücksinken soll, dann muss es in Nordamerika eine Niederlassung gründen, um dort seine Wollwaren zu verkaufen. Diese Unternehmung mag den spanischen König davon abhalten, seine Macht über das ganze weite Festland von Amerika auszudehnen ... Mit unserer Niederlassung werden wir den Ruhm des Evangelismus verbreiten und aus England die wahre Religion mitbringen ...

Hakluyt fand mit seinem Aufruf in England viel Zustimmung. Schon lange forderten die großen Handelsgesellschaften, an der Ausbeutung der Kolonien teilnehmen zu können. Wichtigste Voraussetzung hierfür war die Beherrschung der Weltmeere. Im Jahr 1588 wurde die spanische Großflotte, die Armada*, vernichtend geschlagen. Damit war der Weg frei für die Gründung eines großen englischen Kolonialreiches. Zielstrebig wurden jetzt Kolonien gegründet, und zwar in

- Nordamerika, wo mit Jamestown im Jahr 1607 die erste englische Niederlassung gegründet wurde;
- Indien, wo man Franzosen, Holländer und Portugiesen nach und nach verdrängte, um den Handel allein zu kontrollieren;
- Afrika, um am Gewinn bringenden Sklavenhandel teilnehmen zu können.

1 *Nennt alle Argumente, die Hakluyt in seinem Aufruf anführt. Welches sind seiner Ansicht nach die wichtigsten?*

2 *Erläutert die Karte 1 mithilfe der Legende.*

Armada*:
Mit dem Untergang der spanischen Großflotte 1588 beginnt der Aufstieg Englands zur See- und Kolonialmacht.

Stoffe und Schnaps gegen Sklaven und Gold

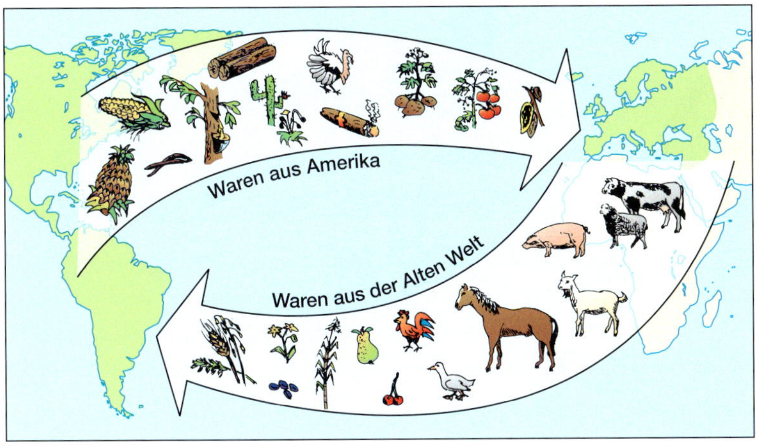

2 Austausch zwischen Amerika und Europa.

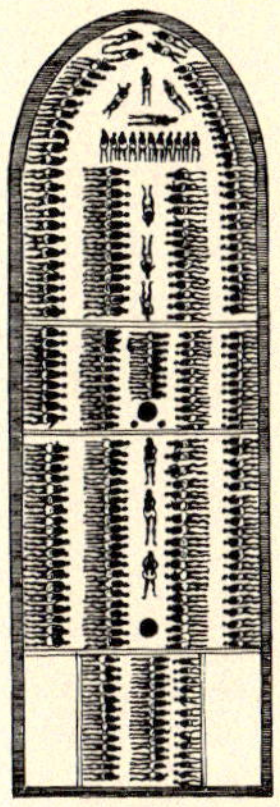

Laderaum eines Sklavenschiffes.

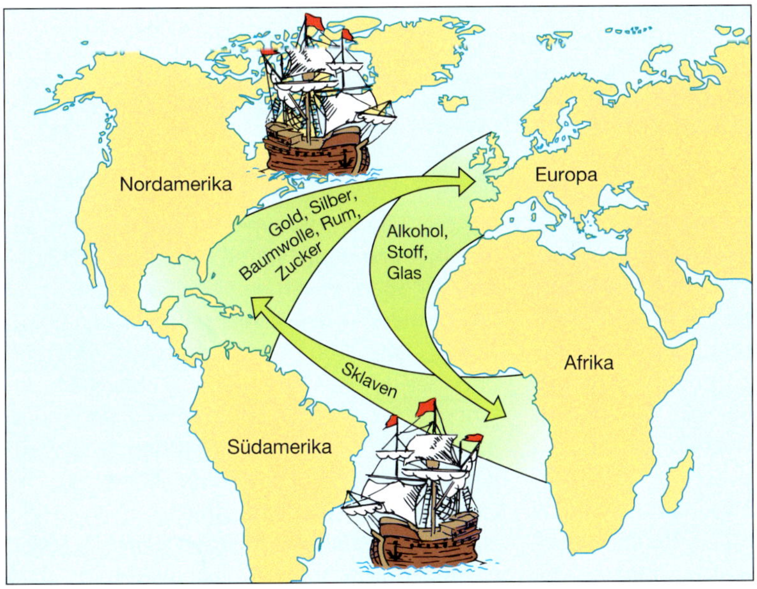

3 Warenströme des Dreieckshandels.

Geschätzte Sklaventransporte:

16. Jahrhundert:
900 000 Menschen

17. Jahrhundert:
2 750 000 Menschen

18. Jahrhundert:
7 000 000 Menschen

19. Jahrhundert:
4 000 000 Menschen

Der Dreieckshandel im Atlantik

Die Abhängigkeit der Kolonien von ihren Mutterländern zeigte sich besonders in der Wirtschafts- und Handelspolitik. Die Kolonien waren ganz auf die Wünsche der europäischen Staaten ausgerichtet. Damit der heimischen Wirtschaft keine Konkurrenz entstand, wurde die Produktion von Eisenwaren, Stoffen, Glas, Büchern und Papier in vielen Kolonien verboten; selbst der Abbau von Eisenerzen wurde eingeschränkt. Rohstoffe und landwirtschaftliche Produkte mussten nach Europa geliefert werden. Das führte in den Kolonien zu Monokulturen (siehe S. 24), und für die entsprechende Plantagenwirtschaft benötigte man viele Sklaven. Die Kaufleute entwickelten einen Dreieckshandel, der in allen Schritten in der Hand der Europäer war und vor allem den Engländern hohe Gewinne einbrachte.

3 *Beschreibt anhand der Abbildung 3 und des Textes den Dreieckshandel.*

4 *Erläutert die Folgen des Sklavenhandels sowohl für Afrika wie für Amerika.*

5 *Listet auf, welche Waren durch die Entdecker in Europa bekannt und welche in Amerika eingeführt wurden. Überlegt, wie sich der Alltag der Menschen in den beiden Kontinenten durch die neuen Güter veränderte.*

Die „Neue Welt" verändert Europa

Maisanbau, Pflege und Ernte durch die Azteken. *Aus dem Codex Florentino, 16. Jahrhundert.*

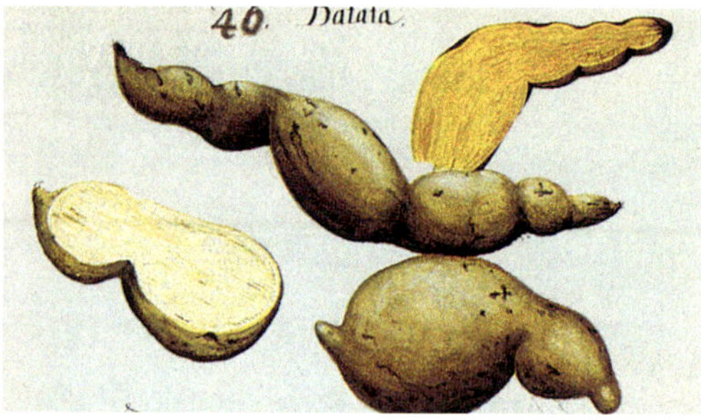

1 Bedeutsamer als Gold und Silber waren die Nahrungs- und Genussmittel, die bis zu den Entdeckungen in Europa unbekannt waren: Ananas, Banane, Kartoffel. Aus dem „Tierbuch" des Z. Wagner, 1637.

Nutzpflanzen aus der „Neuen Welt"

Die Entdeckungen veränderten die „Neue Welt" grundlegend. Aber auch in Europa sind die Auswirkungen bis in die Gegenwart deutlich spürbar. So konnte durch den Anbau widerstandsfähiger Nutzpflanzen aus Amerika wie z. B. Mais und Kartoffel* die Gefahr von Hungersnöten verringert werden. Im 16. und 17. Jahrhundert wurde die Kartoffel zunächst nur in fürstlichen Gärten angebaut. Die ländliche Bevölkerung nannte sie „Unglückswurzel", weil sie in der Bibel nicht erwähnt wurde. Später wurde in Notzeiten der Kartoffelanbau in Deutschland befohlen. Auch die Tomate, die Schokolade und der Tabak beeinflussten die Ess- und Lebensgewohnheiten der Europäer nachhaltig.

Kartoffel*:
Ursprünglich ein italienisches, kein indianisches Wort. „Tortufo" = Trüffel, daraus „Tartofel" → „Kartoffel".

Gold und Silber aus Amerika – ein Segen für Europa?

Vor allem die Spanier und die Portugiesen brachten riesige Mengen Gold und Silber aus Übersee nach Europa. Sie erhofften sich von diesem neuen Reichtum eine enorme Ausdehnung des Handels, außerdem einen höheren Lebensstandard und Machtzuwachs. Letztendlich verursachte die Einfuhr der Edelmetalle aber eine schleichende Geldentwertung. Als die Silbervorkommen in Südamerika allmählich erschöpft waren, hatte dies besonders für Spanien verheerende Folgen.
Die Regierung versuchte nämlich die finanziellen Einbußen durch Steuererhöhungen und riesige Staatskredite auszugleichen. Im Jahr 1649 sah sich die spanische Regierung gezwungen, zum dritten Mal den Staatsbankrott anzumelden, da sie nicht mehr in der Lage war, die Zinsen zu zahlen.
Durch die Verlagerung des Handels an den Atlantik und durch den wirtschaftlichen Niedergang Spaniens waren die Handelsplätze der Zukunft nun nicht mehr Lissabon, Sevilla, Istanbul, Venedig oder Genua, sondern London und Amsterdam.

1 *Erklärt mithilfe des Textes und der Abbildungen, welchen Einfluss die Neue Welt auf Europa hatte.*

2 *Beantwortet die Frage, ob das Gold und Silber Amerikas ein Segen für Europa war.*

3 *Folgende Wörter aus der Sprache der Ureinwohner Amerikas sind heute noch in Gebrauch: Agave, Ananas, Anorak, Avocado, Cayenne, Chinin, Coca, Hurrikan, Kajak, Kannibale, Kanu, Kautschuk, Lama, Mokassin, Potato, Poncho, Tabak, Tipi, Truthahn. Erklärt die Wörter und schlagt dazu in einem Wörterbuch nach.*

Mexiko heute

*Spanien feierte die Entdeckung Amerikas 1992 mit großem Aufwand. Das Motto der Feierlichkeiten lautete: „Begegnung zweier Welten". Doch gegen die **500-Jahr-Feier** meldete sich starker Protest. Die Gegner stellten dem offiziellen spanischen Symbol der Feiern ein eigenes, verfremdetes Symbol aus Lateinamerika entgegen.*

Mestizen*:
Mischlinge zwischen Weißen und Indianern.

Indígenas*:
Ureinwohner.

2 **Die Familie von Yoni Santiago aus Veracruz.** Foto.

3 **Die Familie von Jorge Roiz aus Villa Jana.** Foto.

Wann hört die Unterdrückung auf?
In Mexiko leben heute etwa 100 Millionen Menschen. Davon sind etwa 75 Prozent Mestizen*, 14 Prozent Indígenas* und zehn Prozent Weiße. Wie vor 500 Jahren kämpfen die Indígenas noch immer um Gerechtigkeit und ein menschenwürdiges Leben.
So könnte Yoni Santiago über ihr Leben berichten:

M1 … Wir Indianer haben ein schweres Leben. Wir haben zu wenig Land und die Böden sind schlecht.
In meiner kleinen Hütte gibt es keinen elektrischen Strom und keine Wasserleitung. Dort lebe ich mit meinem Mann, meinen sechs Kindern und meinem Schwiegervater.
Täglich essen wir Mais, Bohnen und Kürbis, die wir hier auf unseren kleinen Äckern selbst anbauen. Oft reicht das aber nicht für uns alle aus. Dann müssen wir hungern. Milch, Fleisch und Obst können wir uns nur sehr selten leisten.
Wir müssen alle arbeiten gehen: Mein Mann ist Landarbeiter auf einem riesigen Gut. Die größeren Kinder arbeiten in der Stadt, die kleineren helfen mir bei der Feldarbeit auf unseren kleinen Äckern. Während der Kaffeeernte gehe ich nachmittags für ein paar Stunden auf eine Kaffeeplantage. Es sind zwar nur ein paar Cents, die ich dort verdiene. Doch so kann ich für uns ab und zu Kleidung kaufen. Durch das viele Arbeiten sind meine Kinder oft zu müde, um die Schule zu besuchen. …

So könnte Jorge Roiz über sein Leben berichten:

M2 … Ich bin der Sohn eines Großgrundbesitzers. Schon mein Urgroßvater besaß diese riesigen Ländereien. Wir haben eine Rinderzucht, auf der 1500 Milchkühe gehalten werden. Die Milchproduktion beträgt pro Tag 50000 Liter.
Meine Frau und meine drei Kinder wohnen in einem großen Gutshaus, in dem alle erdenklichen technischen Neuerungen vorhanden sind.
Wir können uns täglich eine gute und ausgewogene Nahrung leisten.
Um die Arbeiten auf dem großen Besitz zu überwachen, bin ich von frühmorgens bis in die Nachmittagsstunden mit meinem Geländewagen unterwegs. Ich überwache die Arbeit meiner 300 Angestellten sowie die der Indianer und Mestizen, die bei mir zu Hunderten für einen geringen Lohn arbeiten.
Einen Teil des von mir verdienten Geldes investiere ich in den Kauf der neuesten technischen Geräte für die Milchproduktion. Natürlich gebe ich auch einiges für die Erziehung meiner Kinder aus. Sie besuchen die besten und teuersten Privatschulen, und später werden sie natürlich studieren. Wir leisten uns Markenkleidung und Reisen. …

4 *Besorgt euch im Internet Informationen über die wirtschaftliche und soziale Lage in Mexiko.*
5 *Berichtet anhand dieses Materials über das Leben der Ureinwohner, ihren Kampf um Gerechtigkeit und um ein menschenwürdiges Leben.*

Zum Weiterlesen: Der Goldrausch der Eroberer

1 Kolumbus landet 1492 in Amerika. Vor den Augen der neugierigen Eingeborenen, die in ihren Kanus gekommen sind, lässt er ein Holzkreuz aufrichten.

2 1534 fährt der Franzose Jacques Cartier als erster Europäer den St. Lorenz-Strom in Nordamerika flussaufwärts. Die Indianer, die er dort antrifft, sind noch wie vor 4000 Jahren mit steinernen Lanzen und Pfeilen bewaffnet. Sie sind Schießpulver und Gewehrkugeln, Musketen und Kanonen hoffnungslos unterlegen. Amerika wird von kühnen Seefahrern und ein paar Abenteurern aus dem fernen Europa im Handstreich erobert.

Land und Gold in Sicht!

Am 12. Oktober 1492 erschallt auf der voraussegelnden „Pinta" der Ruf: „Land! Land!". Nach 65 Tagen auf See nähern sich die drei Schiffe des Kolumbus einer der Bahama-Inseln, die zu Gottes Ehren San Salvador getauft wird.

In seiner Admiralsuniform geht Kolumbus im Morgengrauen mit einigen Gefährten an Land. Er küsst den Boden und spricht ein Dankgebet. Im Namen des spanischen Königshauses nimmt er die Insel in Besitz. Der weite Atlantik, der die Neue Welt von der Alten trennt, ist überquert. Das Zeitalter der Konquistadoren beginnt!

Getrieben von der Gier nach Gold und Silber sind die Europäer auf der Suche nach neuen unbekannten Ländern. In religiösem Übereifer wollen sie Andersgläubige zum Christentum bekehren. Dies sind die mächtigen Kräfte, die sie über den Atlantik treiben.

Nach Kolumbus kommen noch viele Eroberer in die Neue Welt. Im Jahr 1519 geht Hernando Cortez an der Küste von Yucatán an Land und hat 1521 das Reich der Azteken erobert. Francisco Pizarro landet 1524 zum ersten Mal in Peru. Im Kampf gegen die Inkas scheitert er. 1531 kommt er wieder zurück und es gelingt ihm, den Inkaherrscher Atahualpa gefangen zu nehmen. Aus Angst, dass der Inka, sobald er frei wäre, das kleine spanische Heer vernichten würde, lässt er ihn aus einem nichtigen Anlass hinrichten. Das mächtige Inkareich hat 1534 aufgehört zu bestehen.

Zum Weiterlesen: Der Goldrausch der Eroberer

3 **Die Spanier besetzen 1519 Tenochtitlán, die Hauptstadt der Azteken.** Auf Befehl von Cortez steigt Moctezuma auf den Festungswall und fordert sein Volk auf, die Kämpfe einzustellen. Die Indianer überschütten ihn mit Steinen und Pfeilen. Er stirbt an seinen Verletzungen.

4 **Der spanische Bischof Diego de Landa hat sich geschworen, die Irrlehren der Neuen Welt auszumerzen.** Auf den öffentlichen Plätzen lässt er die „Kodexe", die unersetzlichen Bilderschriften der Eingeborenen, verbrennen. Sie erzählten von der Geschichte der Azteken und Mayas.

5 **Der letzte Inkaherrscher, Atahualpa, ist von Pizarro gefangen genommen worden.** Als Preis für seine Freiheit lässt der Inka einen Saal seines Palastes mit Gold füllen und bietet es dem Sieger an. Vergebens. Er wird zum Tod auf dem Scheiterhaufen verurteilt. Seine Henker gewähren ihm 1533 als letzte „Gunst", mit der Garotte erdrosselt zu werden.

Weitere Informationen findet ihr z. B. in dem Buch von Louis-René Nougier: So lebten sie zur Zeit der Azteken. Tessloff Verlag, Nürnberg 1982.

Werkstatt Geschichte: Karteikarten anfertigen

Aus alten Schulbüchern oder Zeitschriften könnt ihr prima Karteikarten für einen Karteikasten im Unterricht herstellen.
Dazu benötigt ihr
- Karteikarten
- Schere
- Kleber
- Schreibstifte
- alte Schulbücher
- alte Zeitschriften

1 *Schneidet Texte, Bilder und Illustrationen aus, die ihr auf eure Karteikarten kleben wollt.*
2 *Unterteilt die einzelnen Karteikarten in Epochen – Altertum, Mittelalter, Neuzeit – und diese noch einmal in Jahrhunderte, sodass ihr euer Material genau zuordnen könnt.*
3 *Nehmt eine DIN-A5-Karteikarte und schreibt darauf zunächst eine Überschrift.*
4 *Klebt dann den Text, das Bild oder die Illustration auf eure Karteikarte und schreibt dazu, woher ihr die Materialien habt.*
5 *Notiert auf der Rückseite der Karteikarte den dazugehörigen Infotext.*
6 *Ordnet zum Schluss eure Karteikarte in den Karteikasten ein. Somit habt ihr die Möglichkeit, Geschichtsdaten wie in einem Lexikon nachzuschlagen.*

Zusammenfassung

Die Wende zur Neuzeit
Das 15. Jahrhundert ist die Zeit, in der sich ein neues Denken durchsetzt. Bisher hatte man sich in naturwissenschaftlichen Fragen mit Antworten aus der Bibel zufrieden gegeben. Doch jetzt wollte man alles selbst nachprüfen.

Erfindungen ermöglichen lange Seereisen
Im 15. und 16. Jahrhundert wurden neue Länder entdeckt und erobert. Damit das möglich war, mussten die Menschen überhaupt in der Lage sein, so weit über Wasser zu reisen – und auch wieder zurückzukommen. Erfunden wurden hochseetaugliche Schiffe, ein seetüchtiger Kompass, die mechanische Uhr, der Jakobsstab und der Globus.

Christoph Kolumbus entdeckt Amerika
Die Landweg nach Indien war sehr gefährlich, und so wollte Kolumbus einen neuen, ungefährlicheren Seeweg finden: Er wollte Indien erreichen, indem er immer westwärts fuhr. Nach langer Reise entdeckte er 1492 schließlich den Kontinent Amerika, von dem er aber bis zu seinem Tod 1506 annahm, es handle sich um Indien.

Vernichtete Hochkulturen
In Mittel- und Südamerika gab es einige indianische Hochkulturen, z. B. bei den Azteken in Mexiko und den Inkas in Peru. Diese Hochkulturen wurden zu Beginn des 16. Jahrhunderts von den Spaniern auf ihrer Suche nach Gold und Reichtümern zerstört.
Die einheimische Bevölkerung musste in den Bergwerken und Latifundien Sklavenarbeit leisten. Durch die unmenschlichen Arbeitsbedingungen und durch Folter, Hunger und eingeschleppte Krankheiten fanden Millionen von Indios den Tod.

Die „Neue Welt“ wird europäisch
Dem Beispiel Spaniens und Portugals folgten bald noch weitere europäische Staaten wie Frankreich, die Niederlande und England. Ein Dreieckshandel, bei dem billige Waren nach Afrika befördert wurden, Sklaven von dort nach Amerika und von Amerika wiederum wertvolle Edelmetalle und Rohstoffe nach Europa, brachte den europäischen Staaten hohe Gewinne. Auch Handel und Wirtschaft in den Kolonien wurden ganz auf die Bedürfnisse der „Mutterländer“ abgestimmt. Schon bald hielt auch die europäische Lebensweise Einzug in die Kolonien – die „Neue Welt“ wurde europäisch.

Seit 1400

In Europa beginnt eine neue Art des Denkens. Daraus resultieren zahlreiche Erfindungen.

1492

Christoph Kolumbus sucht einen westlichen Seeweg nach Indien und entdeckt Amerika.

1521

Cortez erobert Mexiko. Die Spanier errichten ihre Herrschaft in den Kolonien.

Seit 1550

Der Dreieckshandel zwischen Europa, Afrika und Amerika beginnt.

Check: Das solltet ihr wissen

Wichtige Begriffe

- ✓ Globus
- ✓ Kompass
- ✓ Erfindungen
- ✓ Entdeckungsfahrten
- ✓ Fernhandel
- ✓ Indianer
- ✓ Kolonie
- ✓ Sklaven
- ✓ Neue Welt
- ✓ Dreieckshandel

Was wisst ihr noch?

1 Erklärt den Unterschied zwischen geozentrischem und heliozentrischem Weltbild.
2 Welche Entdeckungen brachten der Seefahrt ganz neue Möglichkeiten?
3 Kolumbus nannte die Ureinwohner der Insel Guanahani „Indianer". Warum?
4 Erläutert die Folgen für die Ureinwohner in der „Neuen Welt", die nach der Landung der Europäer entstanden sind.
5 Nennt andere europäische Staaten außer Spanien, die im 16. und 17. Jahrhundert Kolonien gegründet haben. Gebt an, wo sie die Kolonien anlegten.

Tipps zum Weiterlesen

Peter Gissy: 1492 – Das geheime Manuskript. Bertelsmann, München 2006.
Albrecht Gralle: Der Gürtel des Leonardo. Bajazzo, Zürich 2003.
Renée Holler: Tatort Geschichte: Gefahr auf der Santa Maria. Ein Ratekrimi um Christoph Kolumbus. Loewe, Bindlach 2006.
Rainer Köthe: Entdecker und ihre Reisen. Tessloff, Nürnberg 2006.
Neil Morris: Mayas, Azteken, Inkas. Alltagsleben damals. Tessloff, Nürnberg 2003.
Heinrich Pleticha: Kolumbus 1492. Südwest, München 1992.

Check: Das solltet ihr können
Erklären – zuordnen – berichten – erkunden

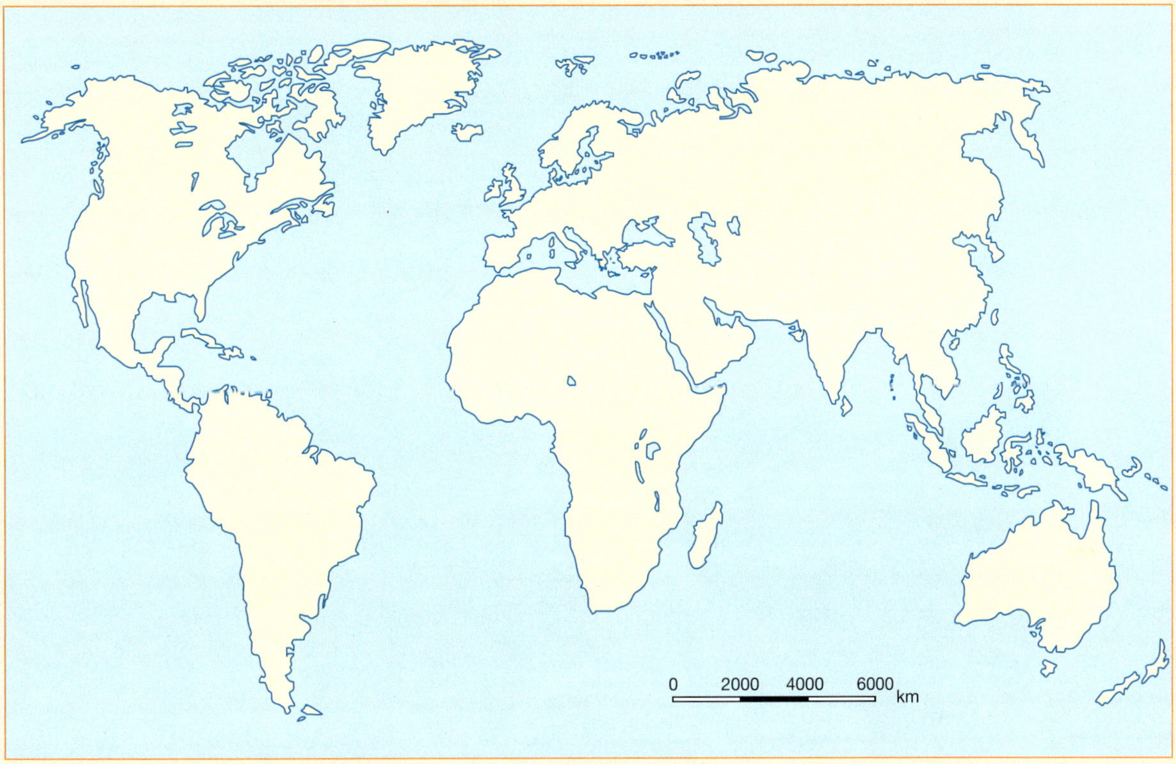

1 **Weltkarte.**

1 *Skizziert eine Weltkarte (Abb. 1) in euer Geschichtsheft und tragt wichtige Reiserouten der Entdecker mit verschiedenen Farben ein. Schaut euch dazu noch einmal die Karte auf der Seite 14 an.*

2 *Ergänzt die Erklärung oder den Begriff. Schreibt aber nicht ins Buch, sondern macht euch zuerst eine Kopie von dieser Seite.*

Begriff	Erklärung
....	Er sagte: „Und sie bewegt sich doch!"
Jakobsstab	....
....	Die Hauptstadt des Aztekenreiches
....	Eroberer Mexikos
Moctezuma	....
....	Krankheit durch Mangel an Vitamin C
....	umsegelte als Erster die Welt

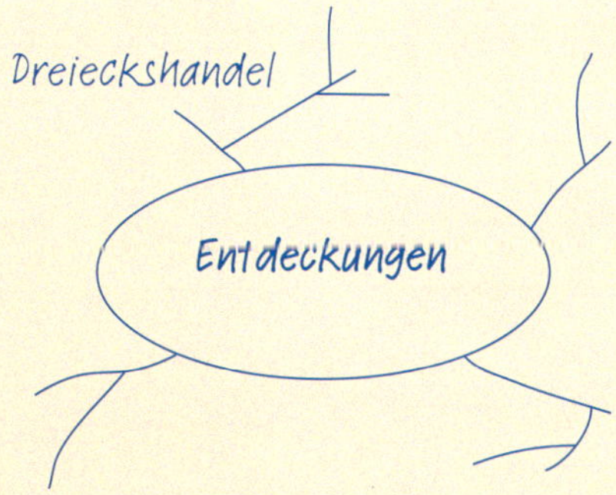

3 *Ihr habt einiges über das Leben der Indios erfahren. Stellt einen Cluster zusammen.*

2. Reformation und Glaubenskriege

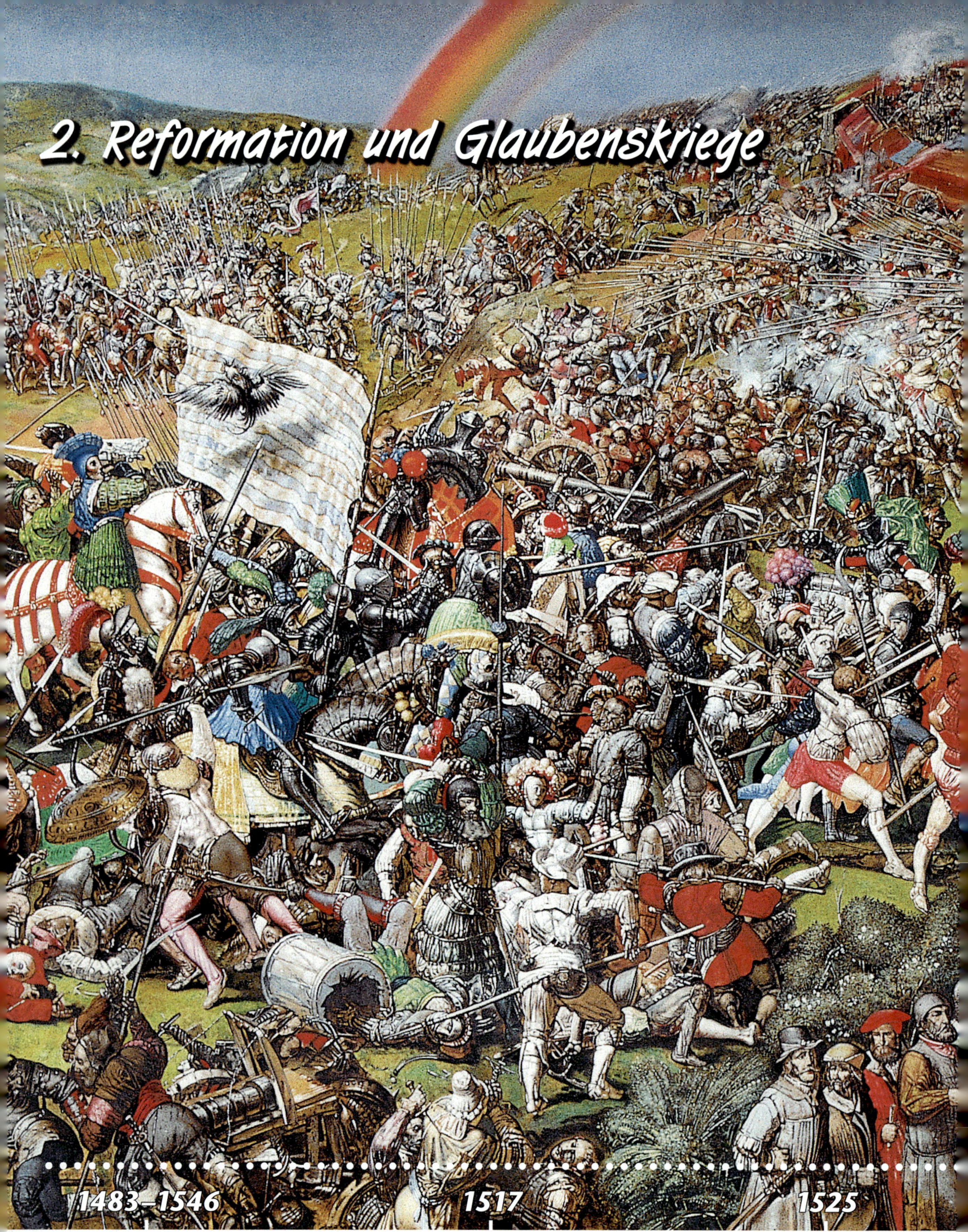

1483–1546	1517	1525
MARTIN LUTHER	BEGINN DER REFORMATION	BAUERNKRIEG

Chaos und Durcheinander – diesen Eindruck vermittelt dieses Bild, das erst 1987 geschaffen wurde.
Chaos herrschte tatsächlich in ganz Deutschland zu Beginn des 16. Jahrhunderts. Pest und Krieg bedrohten das Leben der Menschen, und die Mehrheit der Bevölkerung litt unter Armut und besaß keine Rechte. Viele Menschen fragten sich, nach welchen Vorbildern sie sich überhaupt noch richten konnten. Sie protestierten gegen Missstände in der Kirche, und die Forderung nach der Reformation (= Erneuerung) der alten Kirche war in aller Munde. Zur gleichen Zeit verschafften sich die Bauern Gehör: Im ganzen Deutschen Reich kam es zum Aufstand des gemeinen Mannes gegen Unrecht und Leibeigenschaft. Die alte Welt, so schien es, war an ihr Ende gekommen …

1555 – AUGSBURGER RELIGIONSFRIEDE

1618–1648 – DREISSIGJÄHRIGER KRIEG

Am Vorabend der Reformation

König Tod. *Darstellung aus einem Holzschnitt, um 1500.*

1 Vorzeichen des Jüngsten Gerichts. Ausschnitte aus einem Altarbild von Wolfram Rinke aus der Liebfrauenkirche in Oberwesel, um 1500.

Jüngstes Gericht*: *Begriff aus der Bibel für das Weltgericht Gottes. Es erfolgt am Ende der Welt mit der Auferstehung der Toten und der Vergeltung der guten und bösen Taten der Menschen.*

Höllenangst und Todesfurcht

Das 15. Jahrhundert war eine Zeit der Unsicherheit. Kriege, Pest, Seuchen und Hungersnöte bedrohten die Menschen mit dem baldigen Tod. Maler schufen zahlreiche Bilder vom Jüngsten Gericht*, wie es in der Bibel angekündigt ist. An vielen Orten traten Volksprediger auf. Sie verkündeten das Ende der Welt und forderten die Gläubigen zu Umkehr und Buße auf. Wer dem nicht folge, der habe schreckliche Höllenstrafen auszustehen.

In ihrer Not pilgerten die Menschen in großen Zügen zu den christlichen Wallfahrtsorten und beteten. Die Menschen glaubten, dass eine solche Wallfahrt zur Vergebung ihrer Sünden beitragen könne und ihnen möglicherweise einen Platz im Himmel verschaffen würde.

1 *Erklärt anhand von Abbildung 1, worin der Maler die Vorzeichen des Jüngsten Gerichts sieht.*

2 *Was wollte der Maler mit dem Altarbild erreichen?*

Die Kirche am Vorabend der Reformation

2 **Nonnen und ein Abt überqueren auf dem Heimweg von einem Trinkgelage einen zugefrorenen See.** Auf dem Spruchband rechts oben steht: „Geschwollen und voll". Die Personen im Vordergrund fordern, noch mehr zu trinken. Holzschnitt, um 1450.

Wallfahrer. *Rekonstruktionszeichnung.*

Abzeichen aus Metall oder Stoff *kauften die Wallfahrer, wenn sie das Ziel ihrer Reise erreicht hatten. Sie wurden auf den Mantel genäht und bewiesen, dass der Pilger tatsächlich auf Wallfahrt gewesen war.*

Missstände in der Kirche

Trost, Hilfe und Hoffnung erwarteten die Menschen in ihrer Not und Angst von der Kirche. Doch viele Geistliche vernachlässigten ihre Aufgaben. Sie sorgten sich mehr um ihr eigenes Wohlergehen, kümmerten sich nicht um ihre Pflichten und führten ein ausschweifendes Leben.

Über diese Priester heißt es in einem Bericht:

Q1 ... Vor allem die Bauern auf dem Lande drohen in aller Öffentlichkeit, sie wollten alle Pfaffen totschlagen. Sie sagen, dass die Priester so unpriesterlich und unordentlich leben, dass es wider den christlichen Glauben wäre, sie länger zu ertragen. Die Priester – so heißt es – liegen Tag und Nacht in den öffentlichen Wirtshäusern, trinken mit den Laien und lassen sich volllaufen. Sie machen dann Lärm, schlagen sich und raufen miteinander. Oftmals gehen sie nach solchem Trinken und Lärmen, ohne zu schlafen oder ins Bett zu gehen, zum Altar, um die Messe zu lesen ...

Wie diese Priester, so kümmerten sich auch einige Bischöfe und Päpste mehr um weltliche Vergnügungen als um die Verkündigung des christlichen Glaubens.

In einer heutigen Darstellung über Papst Leo X. (1513–1521) heißt es:

M1 ... Leos Hofstaat mit 683 Menschen, vom Erzbischof bis zu den Hofnarren, erforderte Unsummen. Oft war Leo wochenlang auf Jagden, an denen bis zu 2000 Reiter teilnahmen, darunter Kardinäle, Spaßmacher und Hofschauspieler. Dauernd mussten bei ihm Komödien aufgeführt werden. Und im Karneval von 1521 wurden alle Regierungsgeschäfte überhaupt eingestellt, weil die Aufführung eines Balletts wichtiger war ...

Zu der allgemeinen Lebensangst kam jetzt noch eine weitere Sorge hinzu: Konnte diese Kirche den Menschen überhaupt noch die Gnade Gottes vermitteln und für das Seelenheil sorgen? Der Ruf nach einer Reform der Kirche wurde immer stärker.

3 *Versetzt euch in die Situation der Menschen damals. Schreibt einen Brief an den Bischof. – Erklärt in diesem Brief eure Sorgen und fordert Veränderungen.*

Der Ablasshandel: Geschäfte mit der Seele

1 Holzschnitt von Lucas Cranach zum Ablasshandel aus dem Jahr 1521. Der Text lautet: „Christus hat alle Geldwechsler aus dem Tempel getrieben und gesagt: Macht euch davon. Aus meines Vaters Haus sollt ihr kein Kaufhaus machen. Dein Geld sei mit dir verdammt."

2 Holzschnitt von Lucas Cranach zum Ablasshandel aus dem Jahr 1521. Der Text lautet: „Hier sitzt der Feind Christi, der Ablässe verkauft. Er befiehlt, seiner Stimme mehr zu gehorchen als der Stimme Gottes."

Johann Tetzel *(1465–1519). Kupferstich.*

Fegefeuer/Fegfeuer*: *Im Mittelalter stellten sich die Christen das Fegefeuer als einen Zustand nach dem Tod eines Menschen vor. Dorthin kamen diejenigen, die zwar das ewige Heil im Himmel erlangen sollten, aber noch von ihren auf Erden begangenen Sünden gereinigt werden mussten.*

Die Kirche handelt mit Ablassbriefen

Nicht nur das zügellose Leben mancher Geistlicher löste bei den Gläubigen große Empörung aus. Es gab daneben auch noch andere Ärgernisse. So hatte man im Jahr 1506 in Rom mit dem Bau der Peterskirche begonnen. Sie sollte an Größe, Reichtum und Schmuck alle anderen Gebäude übertreffen. Um diesen Bau bezahlen zu können, schrieb der Papst einen Ablass aus. Mit einem Ablass werden nach katholischer Lehre die Strafen für begangene Sünden nachgelassen. Was bedeutet das?

Ein Christ kann die Vergebung seiner Sünden erlangen, wenn er in der Beichte seine Sünden bekennt, aufrichtige Reue zeigt und bereit ist, Buße zu tun. In der Zeit des frühen Christentums war die auferlegte Buße häufig sehr hart. Sie konnte darin bestehen, mehrere Jahre lang bei Wasser und Brot zu fasten oder eine lange und anstrengende Wallfahrt auf sich zu nehmen. Seit dem 11. Jahrhundert setzte sich allmählich der Brauch durch, an die Stelle dieser Buße eine Geldzahlung treten zu lassen. Wer diese Geldbuße leistete, erhielt den Ablassbrief. Damit wurde ihm der Nachlass der Sündenstrafen bestätigt.

Johann Tetzel, ein Dominikanermönch, pries den Ablass mit den Worten:

Q1 … Du, Adliger, du, Kaufmann, du, Frau, du, Jungfrau, du, Braut, du, Jüngling, du, Greis! Wisse, dass ein jeder, der gebeichtet, bereut und Geld in den Kasten getan hat, eine volle Vergebung seiner Sünden haben wird. Habt ihr nicht die Stimmen eurer Verstorbenen gehört, die rufen: „Erbarmt euch, denn wir leiden unter harten Strafen und Foltern, von denen ihr uns gegen eine geringe Gabe loskaufen könnt." …

Auch andere Ablassprediger betonten die Wichtigkeit des Geldopfers. Bald hieß es im Volke nur noch: „Wenn das Geld im Kasten klingt, die Seele aus dem Fegefeuer* springt."

1 *Erklärt mit Hilfe von Abbildungen 1 und 2, wie Lucas Cranach über den Ablasshandel denkt.*

2 *Lucas Cranach stellte beide Bilder nebeneinander. – Was wollte er damit erreichen?*

Zahlen oder büßen? Martin Luther und der Ablass

Martin Luther – Mönch und Theologe

Nicht alle Geistlichen waren mit den Reden Tetzels einverstanden. Zu den Gegnern Tetzels gehörte auch der Mönch und Theologieprofessor Martin Luther. Luther war im Jahr 1505 in das Kloster der Augustinermönche in Erfurt eingetreten. Immer wieder stellte er sich hier die Frage: Wird Gott mir Sünder gnädig sein? Gott, so hatte Luther als Kind gelernt, ist ein strenger und zorniger Richter über alle Sünder. Vor diesem Richter-Gott hatte er Angst.

In der folgenden Erzählung berichtet Luther von dieser Angst:

Q2 … Jedes Mal beim Verlassen unserer Klosterkirche blickte ich auf ein Bild, das Gott als den Richter über die Menschen zeigte. Einmal dachte ich voll Schrecken daran, dass ich heimlich über Bruder Albertus gelacht hatte, der wieder während des Morgengebetes eingenickt war. In meiner Zelle kniete ich daraufhin nieder und bat Gott wegen dieser Sünde um Vergebung. Häufig geißelte* ich mich, bis ich blutete, um Gott zu zeigen, wie ernst ich es meinte. Immer wieder tauchte das Bild über unserer Kirchentür auf und ich fragte mich voller Angst: Stünde ich jetzt vor Gottes Gericht, welche Strafe hätte ich wohl zu erwarten?…

3 *Beschreibt Abbildung 3. Erklärt, warum Bilder wie dieses Luther Angst einflößten.*

4 *Beschreibt mit Hilfe von Q2 und Abbildung 3 Luthers Ängste und seine Versuche, Gott gnädig zu stimmen.*

3 Die Seele zwischen Himmel und Hölle.
Ausschnitt aus dem Gemälde „Der Sterbende" von Lucas Cranach d. Ä., 1518.

Martin Luther
(1483–1546).
Kupferstich.

Geißelung:
Sich selber Schmerz zufügen, um für begangene Sünden Buße zu tun.

Luther verurteilt den Ablasshandel

Luther sah in Wittenberg, welchen Einfluss die Predigten Tetzels auf die Menschen hatten. Hier hatte er 1512 eine Bibelprofessur an der Universität übernommen.

In einer heutigen Darstellung heißt es:

M1 … 1517 kamen etliche mit den gekauften Ablassbriefen zu Martin nach Wittenberg und beichteten. Als sie dabei aber sagten, dass sie weder von Ehebruch, Wucher noch unrechtem Gut und dergleichen Sünde und Bosheit ablassen wollten, da sprach sie Martin Luther nicht frei von ihren Sünden … Da beriefen sie sich auf die Ablassbriefe. Diese wollte Luther nicht anerkennen. Er berief sich auf die Aussagen der Bibel: Wenn ihr eure Sünden nicht bereut und Buße tut, werdet ihr alle umkommen …

5 *In den Abbildungen auf den Randspalten dieser Doppelseite hält Tetzel ein Geldkasten in der Hand, Luther die Bibel. Sucht eine Erklärung für die unterschiedlichen Darstellungen.*

6 *Erklärt, was sich die Menschen vom Kauf eines Ablassbriefes erhofften.*

Methode: Spottbilder aus der Reformationszeit deuten

1 Papst Alexander VI. (1492–1503), um 1500. Die Aufschrift lautet: Ego sum Papa (= Ich bin Papst). Es handelt sich hier um die zweite Hälfte eines Klappbildes: Auf dem vorderen Teil ist der Papst dargestellt mit Mantel, der dreifachen Krone, in der rechten Hand das Kreuz, mit der linken Hand segnend. Hebt man dieses Bild an, so erscheint darunter das hier gezeigte Bild.

„Eine fliegende Bilderwelt" – so werden in einer modernen Darstellung die Flugblätter genannt. Und weiter heißt es hier:

M1 … Flugblatt und Flugschrift sind die Vorgänger unserer Zeitungen und Illustrierten. Sie dienten, wie diese heute, seit dem Anfang des 16. Jahrhunderts der Information, der Propaganda, der Polemik, der Erbauung und Unterhaltung. Ihre Hersteller waren die Briefmaler, Formschneider und Kupferstecher. Unter einem Briefmaler verstand man ursprünglich einen Handwerker, der zu einem kurzen Text eine Zeichnung lieferte und diese kolorierte [einfärbte]. An seine Stelle traten später der Formschneider, der die Vorzeichnung eines Künstlers auf einen Holzstock, und der Kupferstecher, der sie auf eine Metallplatte übertrug und auf diese Weise vervielfältigte. War die Flugschrift zum Lesen bestimmt, so war bei den Einblattdrucken der „fliegenden Blätter" das Bild meist die Hauptsache. Sie waren eine Art „Bild-Zeitungen", die auch der Analphabet mit einiger Nachhilfe zu „lesen" verstand.

Seit Beginn der Reformation wurden im Streit um den rechten Glauben zahllose Flugblätter eingesetzt. Manche kann man auch heute noch relativ gut verstehen, andere hingegen verwenden Hinweise oder auch Symbole, die wir erst entschlüsseln müssen.
Wie man dabei vorgehen kann, zeigen die folgenden Hinweise:

1. Schritt: Von wem stammt das Flugblatt?

Um ein Flugblatt zeitlich einordnen zu können, müssen wir herausfinden, wer es verfasst oder wer den Holzschnitt auf dem Flugblatt angefertigt hat. Falls der Verfasser nicht bekannt ist, versuchen wir zu klären, wessen Interessen der Verfasser/Künstler vertrat: War er z. B. Protestant oder Katholik, Bauer oder Adliger, Kaiser oder Landesfürst?

2 **Luther und der Teufel.** Leipzig, 1535.

2. Schritt:
Was ist das Thema des Flugblatts?

Diese Frage lässt sich bei einigen Flugblättern leicht mit Hilfe der Überschrift beantworten. Bei anderen müssen wir erst genauer den Bildinhalt oder, wenn vorhanden, den Text studieren und herausfinden, wer oder was gemeint war.

- Sind bekannte Personen zu erkennen?
- Ist ein Ort oder ein Ereignis dargestellt?
- Was ist in dem genannten Jahr geschehen?

3. Schritt:
Wie ist das Flugblatt gestaltet?

Flugblätter waren teils sehr einfache und schnell gefertigte Blätter, die nur der sofortigen Information dienten. Andere wurden künstlerisch gestaltet, und ihr Inhalt war tiefgründiger, manchmal spöttisch, manchmal entlarvend.

- Wie wurden die Personen dargestellt?
- Welche Symbole wurden verwendet?
- Wurden Tiere benutzt, um menschliche Eigenschaften, Schwächen oder Stärken auszudrücken?
- Wie sind die Größenverhältnisse?
- Was soll groß und mächtig und was klein und hilflos oder unbedeutend wirken?
- Was geschieht im Hintergrund?

4. Schritt:
Welche Wirkung soll das Flugblatt erzielen?

Mit dem Druck von Flugblättern wurden auch politische Ziele verfolgt. Gerade in der Zeit der Reformation und des Dreißigjährigen Krieges sollte für die eigenen Interessen und Standpunkte geworben und der Gegner nach Möglichkeit bloßgestellt werden.

1 *Beschreibt alle Einzelheiten von Abbildung 1: Was ist aus dem Kreuz in der rechten Hand des Papstes geworden, wie werden die segnende Hand, der Kopf und der Bauch des Papstes dargestellt?*

2 *Die Krone des Papstes besteht jetzt aus brennenden Feuerreifen, auch sein Mantel steht in Flammen? Welcher Eindruck soll damit erweckt werden?*

3 *In Abbildung 2 sind Luther und der Teufel zu sehen. – Welche Verbindung gibt es zwischen ihnen? Welches Ziel verfolgte der Künstler mit dieser Darstellung?*

4 *Fasst zusammen, welcher Glaubensrichtung die Verfasser der Spottbilder aus Abbildung 1 und 2 angehörten. Begründet eure Meinung.*

Die Wittenberger Thesen: Luther greift die Kirche an

Die Schlosskirche zu Wittenberg. *Holzschnitt von Lucas Cranach, 1509.*

1 **Luthers Thesen gegen den Missbrauch des Ablasshandels werden an der Schlosskirche in Wittenberg angeschlagen.** Lithografie, 1835.

Albrecht II., Markgraf von Brandenburg, Erzbischof von Magdeburg und Mainz (geb. 28. 6. 1490, gest. 24. 9. 1545). Seine Ämterkäufe und seinen kostspieligen Herrschaftsstil finanzierte der Kardinal vor allem durch den Verkauf von Ablassbriefen. – Stich von Albrecht Dürer (1523).

Die Wittenberger Thesen

Am 31. Oktober 1517 veröffentlichte Luther in Wittenberg eine Schrift gegen den Missbrauch des Ablasses durch die Kirche:

Q1 … 21. Es irren die Ablassprediger, die da sagen, dass durch des Papstes Ablässe der Mensch von aller Sündenstrafe losgesprochen und erlöst werde.

27. Eine falsche Lehre predigt man, wenn man sagt: Sobald das Geld im Kasten klingt, die Seele aus dem Fegfeuer springt.

32. Wer glaubt, durch Ablassbriefe das ewige Heil erlangen zu können, wird auf ewig verdammt werden samt seinen Lehrmeistern.

36. Jeder Christ, der wahrhaft Reue empfindet, hat einen Anspruch auf vollkommenen Erlass der Schuld auch ohne Ablassbrief.

43. Man soll die Christen lehren, dass, wer den Armen gibt und dem Bedürftigen leiht, besser tut, als wer Ablassbriefe kauft …

1 *Gliedert den Inhalt dieser Schrift: Schreibt auf, was Luther verurteilt und was er fordert.*

Luther wollte mit seinen 95 Thesen zunächst keine neue Glaubenslehre aufstellen, sondern nur Missstände aufdecken.

Mit der Veröffentlichung seiner Thesen an der Schlosskirche in Wittenberg richtete sich sein Protest zunächst an den zuständigen Bischof in Magdeburg (siehe Randspalte).

Erst in den nun folgenden Streitgesprächen mit anderen Theologen zeigte sich, dass Luther nicht nur den Ablasshandel verwarf. Als man ihn aufforderte, die Autorität des Papstes in Glaubensdingen bedingungslos anzuerkennen, erwiderte er: Papst und Bischöfe haben schon mehrfach geirrt. Für den Gläubigen verpflichtend ist allein das Wort Christi in der Heiligen Schrift. Der Papst kann keine endgültigen Entscheidungen in Glaubensfragen treffen.

Der Papst verhängt den Kirchenbann

Luthers Aussagen verbreiteten sich innerhalb kürzester Zeit in ganz Deutschland. Das war möglich, weil in vielen Orten neue Drucke-

Vor dem Reichstag in Worms: Luther wird angeklagt

2 **Martin Luther vor dem Reichstag in Worms.** Der Text auf dem unteren Bildrand lautet: „Hier stehe ich, ich kann nicht anders, Gott helfe mir. Amen." Kolorierter Holzschnitt, 1557.

reien entstanden, die Luthers Schriften immer wieder nachdruckten.
Gegen diese Schriften wandte sich Papst Leo X. In einem Schreiben forderte er Luther auf, innerhalb von 60 Tagen seine Lehre zu widerrufen. Andernfalls werde über ihn der Kirchenbann* verhängt.
Luther meinte dazu:

Q2 … Was mich angeht, so sind die Würfel gefallen. Ich will nie und nimmer Versöhnung oder Gemeinschaft mit ihnen. Mögen sie meine Schriften verdammen und verbrennen, ich meinerseits werde das päpstliche Recht öffentlich verbrennen …

Am 10. Dezember 1520 versammelten sich in Wittenberg Studenten und Professoren, unter ihnen auch Luther, um einen brennenden Scheiterhaufen. Sie verbrannten Bücher über das katholische Kirchenrecht und das Schreiben, in dem der Papst Luther mit dem Bann gedroht hatte. 1521 wurde Luther vom Papst gebannt. Der Kaiser war nun verpflichtet, über Luther die Reichsacht* zu verhängen. Auf Bitten seines Kurfürsten, Friedrichs des Weisen von Sachsen, erhielt Luther jedoch die Möglichkeit, sich vor dem Reichstag in Worms zu verteidigen.

„Hier stehe ich, ich kann nicht anders"

Die Reise nach Worms wurde für Luther zum Triumphzug. Überall winkten und jubelten ihm die Menschen zu. Am 18. April 1521 stand Luther schließlich vor dem Kaiser. Vor fast einhundert Fürsten des Reiches und weiteren einhundert Zuhörern ließ der Kaiser Luther auffordern, seine Schriften sofort zu widerrufen. Dieser bat um Bedenkzeit. Einen Tag später hielt er vor dem Kaiser eine Rede, in der er sich zu seinen Lehren bekannte und den Widerruf verweigerte. Unmittelbar nach dem Reichstag – am 8. Mai 1521 – sprach der Kaiser die Reichsacht über Luther. Zudem wurde es ihm verboten, seine Lehren weiterhin öffentlich zu vertreten und zu verbreiten.

2 *Stellt Vermutungen darüber an, woher Luther die Sicherheit nahm, in Worms nicht zu widerrufen.*

Kirchenbann*:
Der Kirchenbann ist die schwerste Strafe, die die katholische Kirche gegen ihre Angehörigen verhängen kann. Der Gebannte ist von den Sakramenten ausgeschlossen; die übrigen Gläubigen sollen jeden Kontakt zu ihm meiden. Der Bann kann aufgehoben werden, wenn der Gebannte die Handlungen bereut, die zur Verhängung des Bannes Anlass gaben, und dafür in angemessener Form Buße tut. Stirbt ein Gebannter, ohne dass der Bann aufgehoben wurde, ist er nach katholischer Lehre auf ewig vom Heil ausgeschlossen.

Reichsacht*:
Bei schweren Verbrechen konnten der König oder ein vom König beauftragter Richter den Täter ächten. Dieser war damit aus der Gemeinschaft ausgestoßen und vogelfrei. Jeder hatte das Recht, ihn zu töten. Der Geächtete verlor seinen Besitz und wer ihn aufnahm, verfiel selbst der Reichsacht.

„Junker Jörg" übersetzt die Bibel

1 **Luther als Junker Jörg.** Gemälde von Lucas Cranach, 1521.

2 **Luthers Arbeitsstube auf der Wartburg.**

Evangelisch/ Evangelium*:*
Für Luthers Anhänger waren nicht die Entscheidungen des Papstes und der Konzilien verbindlich. Vielmehr galt ihnen allein das Wort Christi als verpflichtend, wie es sich in den ersten vier Büchern des Neuen Testaments, dem Evangelium, findet. Die Anhänger Luthers bezeichnete man daher als „evangelisch".

Reformation:*
(lat. reformatio = Wiederherstellung, Erneuerung). Bezeichnet eine kirchliche Erneuerungsbewegung im 16. Jahrhundert, die in Deutschland vor allem von Martin Luther ausging. Die Bewegung führte zur Spaltung des Christentums in verschiedene Glaubensbekenntnisse: römisch-katholisch, lutherisch, reformiert. Der Beginn der Reformation wird mit der Veröffentlichung von Luthers Thesen auf 1517 datiert. Das Ende sieht man im Westfälischen Frieden von 1648.

Die Entführung Luthers

Das kaiserliche Gebot hatte Luther noch 21 Tage freies Geleit für seine Rückkehr zugesichert. So gelangte er im Mai 1521 nach Möhra zu seinen Verwandten in Thüringen. Dort wurde er im Wald nahe Altenstein, auf Anweisung des sächsischen Kurfürsten Friedrich des Weisen, zum Schein entführt und auf die Wartburg bei Eisenach (Thüringen) gebracht. Der Kurfürst wollte dadurch das Leben Luthers vor dem Papst und dem Kaiser schützen. Kurz vor Mitternacht stand Luther mit seinen „Entführern" vor der Zugbrücke der Wartburg. Burghauptmann Hans von Berlepsch empfing Luther mit der Weisung, dass er ein Ritter werden müsse und im Rittergefängnis der Burg zu verweilen habe.

„Junker Jörg" übersetzt die Bibel

Luther lebte nun mehrere Monate unerkannt auf der Wartburg und wurde „Junker Jörg" genannt. Er hatte die Mönchskutte abgelegt, trug volles Haupthaar, einen Bart und einen Lederwams. Seinen Aufenthalt nutzte er, um einen Teil der Bibel, das Neue Testament, aus dem Lateinischen in die deutsche Sprache zu übersetzen. Die Bibelübersetzung und die von Luther neu gedichteten Kirchenlieder sollten den evangelischen* Glauben allgemein verständlich machen. Doch noch gab es keine einheitliche deutsche Sprache, sondern nur verschiedene Mundarten. Luther gelang es, für die Übersetzung eine Sprache zu finden, die alle verstanden und die sehr anschaulich war, da er – wie er sagte – „dem Volk aufs Maul schaute". Die Luther-Bibel wurde zum meistgelesenen Buch in Deutschland. Die Bibelübersetzung und Luthers Kirchenlieder wurden entscheidend für die Entwicklung einer einheitlichen, neuhochdeutschen Sprache.

Die Ausbreitung der Reformation*

Das Verbot an Luther, seine Lehren nicht zu verbreiten, konnte die Reformation nicht aufhalten. Bücher und Flugblätter verbreiteten Luthers Lehre. Laienprediger zogen durch die Orte und predigten in deutscher Sprache. In

vielen Kirchen wurden die bisherigen Priester verjagt. Oft kam es zu handgreiflichen Auseinandersetzungen, wenn ein Priester den Gottesdienst in lateinischer Sprache abhielt und die Anhänger Luthers dagegen laut deutsche Kirchenlieder sangen. Auch Landesfürsten und zahlreiche Reichsstädte beachteten die Befehle des Kaisers nicht. Sie förderten die Reformation und erließen neue Kirchenordnungen für ihre Territorien. In der weiteren Entwicklung entstand so – gegen den ursprünglichen Willen Luthers – eine neue, evangelische Kirche (siehe Seite 36 ff.).

Reformation im heutigen Sachsen-Anhalt

Die erste reformatorisch-evangelische Gemeinde Deutschlands bildete sich in Wittenberg. Die Wittenberger Universität, wo Luther selbst als Theologieprofessor seine Thesen verfasst hatte, wurde zu einem geistigen Zentrum der Reformation. Die neuen Ideen fanden schnell Zulauf. Selbst der Erzbischof von Magdeburg und Mainz, Kardinal Albrecht (siehe S. 44, Randspalte), dessen Ablasshandel der Hauptanlass für Luthers 95 Thesen gewesen war, tolerierte die Bewegung zunächst. So konnte sich Magdeburg bereits 1524 als erste große Stadt des Deutschen Reiches offen zur Reformation bekennen. Kardinal Albrecht begann erst 1541 die Reformation zu bekämpfen, als sie auch in seiner Lieblingsresidenz Halle durchgeführt wurde und ihm dort Probleme bereitete. Dennoch entwickelte sich Magdeburg zu einer Hochburg der Reformation. Die restlichen Gebiete des heutigen Sachsen-Anhalt folgten bis 1552 nach (siehe Randspalte).

3 **Reformationsaltar in Wittenberg von Lucas Cranach.** 1547. Zu sehen sind u. a. Luther als Junker Jörg und als Prediger, der Künstler, Lucas Cranach der Ältere und Luthers Frau, Katharina von Bora, als Gemeindemitglieder.

1 *Benennt wichtige Unterschiede zwischen der neuen Lehre Luthers und der alten, römischen Kirche. Berücksichtigt hierzu auch Abbildung 4.*

4 **Das untere Bild des Reformationsaltars in Wittenberg. Luther zeigt seiner Gemeinde die Grundlagen des neuen evangelischen Glaubens.** 1547.

Einführung der Reformation in Gebieten des heutigen Sachsen-Anhalt

1525–1540
Mansfeld
1526
Barby, Anhalt-Bernburg
1527
Anhalt-Köthen
1530
Blankenburg-Regenstein
1534
Anhalt-Dessau
1538
Stolberg, Wenigerode
1539
Herzogtum Sachsen
1541
Halle
1542–1564
Bistum Naumburg/Zeitz
1543–1561
Bistum Merseburg
1552
Erzstift Magdeburg, Stift Halberstadt

Geschichte vor Ort: Luther-Gedenken in Sachsen-Anhalt

1 Das Lutherpaar 2009.

2 Die „Hochzeitstafel" vor dem Lutherhaus.

Sachsen-Anhalt – Luthers Land

Am 10. November 1483 wurde Luther als Kind einer Bergmannsfamilie in Eisleben (Landkreis Mansfeld-Südharz) geboren. Hier starb er auch am 18. Februar 1546. Geburts- und Sterbehaus sind heute Museen, die aus dem Alltagsleben des großen Reformators berichten, und beide Museen gehören schon seit vielen Jahren zum UNESCO-Welterbe.
Schon bald nach Martins Geburt zogen seine Eltern von Eisleben nach Mansfeld. Hier verbrachte er von 1484 bis 1497 seine Kindheit. Das Haus, in dem er damals wohnte, kann man besichtigen.
Als „Wiege der Reformation" aber gilt Wittenberg. Hier lebte Martin Luther fast vierzig Jahre lang. Die „Lutherstube", im Jahre 1536 von Martin Luther und seiner Frau eingerichtet, blieb bis heute fast unverändert erhalten.
In Wittenberg hat er seine 95 Thesen gegen den Ablasshandel an die Tür der Schlosskirche geschlagen. In dieser Kirche wurde er auch begraben.
In der Stadtkirche St. Marien predigte Luther. Man bezeichnet daher diese Kirche auch als „Mutterkirche der Reformation".
Luthers Wohnhaus, Schloss- und Stadtkirche gehören ebenfalls zum UNESCO-Welterbe.
Diesen und anderen Orten, an denen Luther gelebt, gearbeitet und gepredigt hat, kann man auf dem „Lutherweg" nachspüren (siehe Karte S. 49).

Luthers Hochzeit in Wittenberg

Jedes Jahr erinnert die Stadt Wittenberg mit einem großen Fest an die Hochzeit Martin Luthers mit der Nonne Katharina von Bora im Jahr 1525. In den Straßen der Stadt preisen Händler in historischen Kostümen ihre Waren an, spielen Musikanten auf alten Instrumenten, unterhalten Gaukler die Zuschauer. Begleitet von über eintausend Mitwirkenden zieht das „Brautpaar" auf einem Festwagen durch die Stadt zur Hochzeitstafel im Lutherhaus. Drei Tage lang dauert dieses Fest mit Orgelkonzerten in der Schlosskirche und vielen Bands, die auf der Marktbühne Popmusik ebenso darbieten wie Schlager.
Das Fest zieht jedes Jahr über 100 000 Besucher an.

1 *„Sachsen-Anhalt – Luthers Land" – Sammelt Informationen, die diese Aussage bestätigen.*

2 *Ihr könnt in der Klasse verschiedene Arbeitsgruppen bilden. Zwei oder drei Gruppen besorgen Informationsmaterial zu einzelnen Orten, in denen Luther gelebt hat und erstellen zu den zu den ausgewählten Orten eine Wandzeitung (siehe Methode S. 135).*

3 *Eine weitere Gruppe erstellt einen historischen Reiseführer zum Thema: „Der Lutherweg in Sachsen-Anhalt" (siehe Karte 3). Informationsmaterial kann man vom Regionalen Tourismusverband „Tourismus Region Wittenberg" in Wittenberg bekommen:* **www.tourismusregion-wittenberg.de/content/view/137/178/**

4 *Fertigt mit Hilfe von Informationen der Fremdenverkehrsvereine, Büchern und des Internets einen Kalender für das laufende Jahr an mit Gedenktagen und Gedenkfeiern zu Ehren Luthers.*

Geschichte vor Ort: Luther-Gedenken in Sachsen-Anhalt

Das Elternhaus Luthers in Mansfeld.

Zerbst, St. Bartolomäi-Kirche. Predigtkirche Luthers.

Das Geburtshaus Luthers in Eisleben.

Die Schlosskirche in Wittenberg.

Die Lutherstube im Lutherhaus in Wittenberg.

3 Der Lutherweg in Sachsen-Anhalt.

Von der Reformation zum Bauernkrieg

1 Bauern beim Frondienst in der Scheune eines Gutsherrn. Kalenderbild für den Monat August von Hans Wertinger, um 1525.

Unruhe auf dem Land

Die Bauern fühlten sich durch den Erfolg der Reformation ermutigt, für bessere Lebensbedingungen zu kämpfen. Bereits 1520 hatte Luther eine Schrift veröffentlicht mit dem Titel: „Von der Freiheit eines Christenmenschen". Der Christ, so hatte Luther geschrieben, ist im Glauben nur an das Wort Gottes gebunden, sonst aber ein freier Herr und niemandem untertan. Die unterdrückten Bauern bezogen diese religiöse Aussage auf ihr Leben. Nicht nur die Kirche musste reformiert werden, auch ihr Leben sollte von Zwang und Willkür befreit werden.

Die Lage der Bauern

Im Deutschen Reich lebten zur Zeit Luthers etwa 16 Millionen Menschen, mehr als 12 Millionen davon waren Bauern. Ihre Situation hatte sich im 15. und 16. Jahrhundert drastisch verschlechtert. In einem Bericht aus dem Jahr 1520 heißt es über die Lage der Bauern:

Q1 … Landleute heißen die, die das Land von Dorf zu Dorf und Hof zu Hof bewohnen und bebauen. Sie führen ein elendes und hartes Leben. Jeder von ihnen lebt demütig für sich, von anderen getrennt, mit seiner Familie und seinem Vieh. Ihre Wohnungen sind aus Lehm und Holz errichtete und mit Stroh bedeckte Hütten, die nur wenig über dem Erdboden hervorragen.
Hausbrot, Haferbrei, gekochtes Gemüse sind ihre Speisen; Wasser und geronnene Milch ihre Getränke, ein leinener Kittel, ein Paar Stiefel, ein farbiger Hut ihre Kleidung. Die Leute stecken alle Zeit in Arbeit, Unruhe und Dreck. In die benachbarten Städte schleppen sie zum Verkauf, was sie von ihren Feldern und ihrem Vieh gewinnen. Sie selbst kaufen sich dort, was sie eben brauchen … Den Herren müssen die Bauern oftmals im Jahr dienen: Das Feld beackern, säen, ernten und die Frucht in die Scheuern bringen, Holz fällen, Häuser bauen, Gräben ausheben. Es gibt nichts, wovon die Herren nicht behaupten, dass das geknechtete und arme Volk es ihnen nicht schulde. Die Leute können auch nicht wagen, einen Befehl nicht auszuführen, da sie dann schwer bestraft werden …

1 *Beschreibt mit Hilfe der Abbildung 1 und Q1 die Lage der Bauern im Deutschen Reich im 15. und 16. Jahrhundert.*

Der Bauernkrieg

2 **Aufrührerische Bauern umringen einen Ritter.** Holzschnitt.

Der Sturm bricht los

Immer wieder war es im 15. Jahrhundert zu Bauernaufständen gekommen. Doch den Fürsten und Herren war es gelungen, die örtlich begrenzten Aufstände niederzuschlagen. Der offene Aufruhr der Bauern begann 1524 im Südwesten. Seit der Jahreswende 1525 dehnten sich die Aufstände über das Deutsche Reich aus. In „12 Artikeln" hat der Memminger Kürschnergeselle Sebastian Lotzer die Klageschriften der Bauern zusammengefasst:

Q2 … 1 Zum Ersten ist unser demütig Bitte und Begehr, dass in Zukunft jede Gemeinde ihren Pfarrer selbst wählen und auch wieder absetzen kann …

3 Zum Dritten ist es bisher Brauch gewesen, uns als Leibeigene zu halten, was zum Erbarmen ist … Es ergibt sich aus der Hl. Schrift, dass wir frei sind, und wir wollen es sein. Nicht, dass wir völlig frei sein und keine Obrigkeit haben wollen; das lehrt uns Gott nicht …

6 Die Frondienste müssen verringert werden.

11 Witwen und Waisen darf der Grundherr nichts von ihrem Erbe nehmen.

12 Sollte eine unserer Forderungen der Hl. Schrift widersprechen, wollen wir sie sofort fallen lassen …

2 *Der dritte und der letzte Artikel in Q2 zeigen den Einfluss Luthers. Erklärt diese Behauptung.*

Luther unterstützt die Herren

Da die adligen Herren nicht an Verhandlungen interessiert waren, griffen die Bauern zu den Waffen. In Schwaben, im Elsass, in Franken und Thüringen kam es zu blutigen Aufständen. Auf ihrer Seite, so glaubten die Bauern, stand Martin Luther mit seiner neuen Lehre. Im April 1525 äußerte sich Luther zu den „12 Artikeln":

Q3 … Die 12 Artikel handeln alle von weltlichen, zeitlichen Dingen. Ihr sagt, dass ihr nicht länger Unrecht leiden wollt. Das Evangelium handelt nicht von diesen weltlichen Dingen. Ihr Bauern habt gegen euch die Hl. Schrift und die Erfahrung, dass ein Aufruhr noch nie ein gutes Ende genommen hat. Denkt an das Wort der Bibel (Matth. 26, 52): Wer das Schwert nimmt, soll durch das Schwert umkommen …

3 *Arbeitet aus Q3 heraus, wie Luther seine ablehnende Haltung gegenüber den Bauern begründet.*

Die Niederlage der Bauern

Der Kampf zwischen Bauern und Herren dauerte nur wenige Wochen. Trotz verzweifelter Gegenwehr wurden die Bauern vernichtend geschlagen. Etwa 70 000 Bauern kamen ums Leben. Aus Sorge vor neuen Aufständen ließen die Herren die Forderungen der Bauern untersuchen und die schlimmsten Missstände abstellen.

1525:
Der Kürschnergeselle Sebastian Lotzer fasst die wichtigsten Forderungen der Bauern in zwölf Artikeln zusammen.

Die Schlacht bei Frankenhausen (Thüringen).
Gemälde von Werner Tübke, 1987.
Das Bild (siehe auch S. 36/37) stellt eine der wichtigsten Schlachten des Bauernkriegs dar, die am 15. Mai 1525 stattfand. In dieser Schlacht wurden die aufständischen Bauern Thüringens von einem Fürstenheer vollständig besiegt. Die Bauern wurden von dem Priester und Gelehrten Thomas Müntzer, der Luther und seine Lehren verehrte, angeführt. Müntzer selbst wurde gefangen genommen und am 27. Mai in Mühlhausen enthauptet.

Die Reformation breitet sich aus

1 **Das Konzil von Trient.** Gemälde aus dem Frauenkloster St. Klara in Stans (Schweiz). Die Konzilsväter (Bischöfe, Äbte, Kardinäle) bilden ein Halbrund. Hinter dem Kreuz sitzen auf erhöhten Bankreihen die Vertreter des Papstes. Über allen: Gottvater, der Heilige Geist in der Gestalt einer Taube und Jesus Christus.

Kaiser Karl V. *(1519–1556). Gemälde von Tizian, 1548.*

Konfession*: *Glaubensbekenntnis.*

Das Konzil von Trient

Die Erfolge der Reformation veranlassten die katholische Kirche zu Gegenmaßnahmen. Der Papst berief deshalb 1545 eine große Kirchenversammlung, ein Konzil, nach Trient ein.

Zu Beginn des Konzils ließ der Papst durch seinen Gesandten eine Botschaft verlesen:

Q1 … Es werden, um es kurz und bündig zu sagen, für das Konzil folgende Aufgaben gestellt:
- die Ausrottung der kirchlichen Irrlehren,
- die Reform der kirchlichen Disziplin und Sitten, schließlich
- der ewige Friede der ganzen Kirche …

1 *Sagt mit eigenen Worten, welche Aufgaben das Konzil nach Meinung des Papstes haben sollte.*

Kaiser Karl V. hatte 1521 in Worms geschworen, die Einheit der Kirche zu erhalten und gegen Luther und seine Lehre vorzugehen. Als sich die evangelischen Reichsfürsten weigerten, an dem Konzil teilzunehmen, entschloss sich der Kaiser zum militärischen Einschreiten. Bei Mühlberg in Sachsen konnte er sie zwar besiegen, doch die evangelischen Reichsfürsten lehnten eine Rückkehr zum katholischen Glauben auch weiterhin ab. Auf dem Reichstag zu Augsburg 1555 wurde schließlich folgende Einigung erzielt:
- Das katholische und das lutherische Bekenntnis sind gleichgestellt.
- Jeder Landesherr kann frei wählen, ob er katholisch bleiben oder evangelisch werden möchte.
- Die Untertanen müssen den Glauben ihres Landesherrn annehmen.
- Untertanen, die nicht die Konfession* ihres Landesherrn annehmen wollen, müssen auswandern.

Karl V. hatte sein Ziel, die Einheit der Christenheit, nicht erreicht. 1556 dankte er ab.

2 *Zeigt an den Ergebnissen des Reichstages, dass die Einheit der Christenheit nicht erreicht wurde.*

Die Reformation breitet sich aus

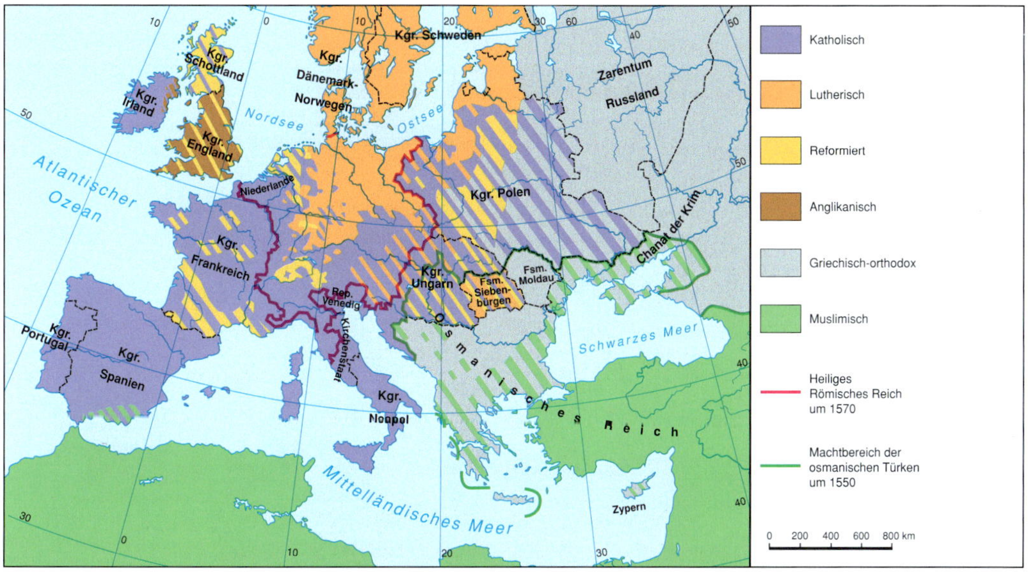

2 **Staaten und Konfessionen in Europa um 1570.**

Augsburg bringt keinen Frieden

Im Frieden von Augsburg wurden 1555 Lutheraner und Katholiken als gleichberechtigt anerkannt. Doch das Misstrauen blieb auf beiden Seiten bestehen. Vor allem die in Europa vorherrschenden katholischen Habsburger versuchten die protestantischen Gebiete ihres Reiches wieder zu katholisieren. Typisch für die Stimmung im Deutschen Reich waren die Vorgänge in Donauwörth im Jahr 1607.

In einem Bericht aus heutiger Zeit heißt es über die Vorgänge in Donauwörth:

M1 … Donauwörth war eine freie Reichsstadt mit etwa 4000 Einwohnern, von denen sich nur noch wenige zum katholischen Glauben bekannten. Als im April 1607 die kleine katholische Gemeinde am Fronleichnamsfest in feierlicher Prozession durch die Straßen der Stadt zog, wurde sie von den protestantischen Bürgern behindert. Der Kaiser verhängte daraufhin die Reichsacht über die Stadt. Er beauftragte den bayerischen Herzog Maximilian mit der Durchführung. Die Stadt wurde erobert, die evangelischen Bürger gezwungen katholisch zu werden oder auszuwandern. Die protestantische Pfarrkirche erhielten die Jesuiten …

3 *Überlegt, wie der Kaiser die Verhängung der Reichsacht begründet hat. Nehmt Stellung zu dieser Maßnahme aus der Sicht eines protestantischen Bürgers von Donauwörth.*

Katholische Liga und protestantische Union

Durch dieses Vorgehen des Kaisers und Herzog Maximilians fühlten sich die Protestanten in ganz Deutschland bedroht. Die evangelischen Fürsten schlossen sich daher 1608 zur Verteidigung ihrer Interessen in einem Bündnis, der Union, zusammen. Nur ein Jahr später bildeten die katholischen Fürsten, Bischöfe und Äbte ein Gegenbündnis, die Liga. Katholische und evangelische Fürsten standen sich nun, tief verfeindet, gegenüber.

Der Streit um Glaubensfragen war zu einem Machtkampf zwischen dem katholischen Kaiser und den evangelischen Landesfürsten geworden. Es ging jetzt weniger um Glaubensfragen, als darum, ob der Kaiser oder die Fürsten in Deutschland die Politik bestimmten. Auch die europäischen Könige ergriffen Partei. Das katholische Frankreich unterstützte aus Furcht vor dem Kaiser die Union. Spanien unterstützte die Liga aus Feindschaft gegen Frankreich.

4 *Tragt mithilfe der Karte 2 in einer Tabelle ein, wie Europa konfessionell aufgeteilt war.*

1608/09:
Gründung der Union durch die protestantischen Fürsten und Gründung der katholischen Liga.

Der Dreißigjährige Krieg

1 **Der Prager Fenstersturz am 23. Mai 1618.** Gemälde von Wenzel v. Brozik, 1889.

1618: Prager Fenstersturz.
Er ging für die kaiserlichen Beamten zwar glimpflich aus, wurde aber zum zündenden Funken für den Dreißigjährigen Krieg.

Kriegsausbruch
Im Jahr 1617 ereignete sich in Prag ein eigentlich eher belangloser Zwischenfall: Protestanten errichteten eine Kirche auf einem Grundstück, das Katholiken gehörte. Es kam zu einem Prozess, den die Protestanten verloren. Die Kirche musste 1618 wieder abgerissen werden.
Voller Empörung drangen protestantische Adlige in die königliche Burg, den Hradschin, ein und warfen voller Zorn zwei hohe Beamte und ihren Sekretär aus dem Fenster.
Dieser Vorfall heizte die ohnehin schon äußerst gespannte Stimmung im Reich noch weiter an. Es genügte jetzt nur noch ein kleiner Funke, um den Kriegsausbruch herbeizuführen. Nur ein Jahr später war es so weit. Kaiser Ferdinand II., zugleich auch König von Böhmen, schränkte die Glaubensfreiheit der protestantischen Adligen in Böhmen erheblich ein. Die böhmischen Adligen setzten Ferdinand daraufhin als König ab. An seiner Stelle wählten sie Kurfürst Friedrich von der Pfalz zu ihrem König. Kaiser Ferdinand, der um sein Ansehen und seine Macht fürchtete, gab die Parole aus: „Ich will lieber ein verwüstetes als ein verdammtes Land." Mit dem Kampf um die Vorherrschaft in Böhmen begann ein Krieg, der dreißig Jahre dauern sollte.

1 *Beschreibt den Anlass, der zum Krieg führte. Besprecht, was die eigentliche Ursache für diesen Krieg war.*

2 *Erklärt, was der Kaiser mit der Parole: „Ich will lieber ein verwüstetes als ein verdammtes Land." meint. Was könnte das für die Bevölkerung bedeuten?*

3 *Fertigt in den nächsten Wochen eine Wandzeitung für euer Klassenzimmer an mit dem Thema: „Religionskriege heute". – Erklärt mithilfe von Bildern und Texten, bei welchen Kriegen auch heute noch religiöse Fragen eine wichtige Rolle spielen.*

Werkstatt Geschichte: Stellungnahme zum Krieg

In den folgenden Materialien findet ihr Stellungnahmen zum Krieg. Sie drücken sinngemäß aus, was Wissenschaftler aus Quellen erarbeitet haben.

1 *Untersucht die Materialien 1 bis 7 und stellt fest, welches Kriegsziel jeweils genannt ist bzw. welche Einstellung zum Krieg der Sprecher äußert.*

2 *Versucht die Frage zu beantworten, ob es sich bei dem Dreißigjährigen Krieg um einen Glaubenskrieg handelt oder um politische Machtkämpfe.*

1 Kaiser Ferdinand II.

2 Friedrich von der Pfalz, genannt der „Winterkönig"

3 König Gustav Adolf von Schweden

4 Kardinal Richelieu

5 Ein Bauer

6 Eine Bürgerin

7 Ein Söldner

Geschichte vor Ort: Der Dreißigjährige Krieg

1 Die Erstürmung und Zerstörung Magdeburgs am 20. Mai 1631 durch die kaiserlichen Truppen unter Graf von Tilly. Kupferstich von Matthäus Merian d. Ä. aus dem Jahre 1637.

Was bedeutet schon ein Menschenleben?

Im Jahre 1525 griff der Dreißigjährige Krieg auch auf das Gebiet des heutigen Sachsen-Anhalt über. Überfälle, Vergewaltigungen, Totschlag und Mord waren an der Tagesordnung. Menschenleben zählten nichts. Starben zu viele Soldaten in einer Schlacht, dann mussten eben neue angeworben werden.

Die Schlachten von Lützen und Dessau

Wie erbittert die Kämpfe waren, zeigte sich auch bei der Schlacht um die Dessauer Brücke, einem wichtigen Übergang über die Elbe. Der kaiserliche Feldherr Wallenstein besiegte hier den protestantischen Feldherrn, den Grafen Ernst von Mansfeld.
Von den 12 000 Soldaten des Grafen fanden allein in dieser Schlacht über 9000 den Tod.
Nicht weniger blutig verlief im Jahre 1632 die Schlacht bei Lützen, an der über 30 000 Soldaten beteiligt waren. Voller Verzweiflung schrieb der damalige Pfarrer Stockmann:

Q1 … Gut, Kleidung, Vorrat, Scheunen, Mühlen, Pferde und Kinder, ja auch ein guter Teil der Saat auf dem Feld ist weg. Wer erbarmt sich unser? Wer hilft uns? Wer baut auf? Wer schafft Herberge, Essen, Trinken, Kleider, Pferde und Saat, um die Felder zu bestellen?

Ein Kinderlied aus jener Zeit lässt die Ängste spüren, die die Menschen befiel, wenn sich Truppen ihrer Stadt näherten:

Q2 … Die Schweden sind gekommen, haben alles mitgenommen, habens Fenster eingeschlagen, habens Blei davon getragen, haben Kugeln draus gegossen und die Bauern totgeschossen …

Der Untergang Magdeburgs

Zu Beginn des 17. Jahrhunderts gehörte Magdeburg zu den reichsten Städten im Deutschen Reich. Im Jahre 1631 gerät auch diese Stadt zwischen die Fronten. Ein Heer von über 32 000 Mann zieht unter Führung des kaiserlichen Feldherrn heran. Pausenlos beschießen die kaiserlichen Kanonen die Stadt, in der etwa 35 000 Bewohner voller Schrecken und Angst auf den bevorstehenden Angriff warten. Es ist der 19. Mai 1631, als die kaiserlichen Kanonen abends das Bombardement einstellen. Jeder weiß: Das ist das Zeichen zum Angriff, der auch tatsächlich am folgenden Morgen beginnt. Innerhalb von nur drei Stunden wird die Stadt erobert. Brennende Fackeln, von den Soldaten durch die Fenster geworfen, verwandeln sie in Schutt und Asche. Fast 30 000 Bewohner kommen ums Leben, die Überlebenden fliehen. Am Ende des Dreißigjährigen Krieges lebten in Magdeburg nur noch 450 Menschen.

1 *Informiert euch, z. B. in eurer Orts- oder Stadtbücherei, ob es auch in eurer Region zu Kämpfen während des Dreißigjährigen Krieges kam.*

2 **Die Plünderung Magdeburgs.** Kinder werden getötet, Frauen vergewaltigt, die Stadt brennt. Gemälde von Eduard Steinbrück, 1631.

3 **Die Schlacht bei Lützen 1632.** Detail aus dem Diorama im Museum Schloss Lützen.

4 **Ein Trosswagen.** Detail aus dem Diorama „Die Schlacht bei Lützen 1632" im Museum Schloss Lützen.

Der Dreißigjährige Krieg – ein europäischer Krieg?

1 **Söldner plündern einen Bauernhof.** Gemälde von Sebastian Vrancx, um 1620.

Kinderlied aus dem Dreißigjährigen Krieg:

Maikäfer, flieg!
Dein Vater ist im Krieg.
Mutter ist im Pommerland,
Pommerland ist abgebrannt.
Maikäfer, flieg!
(norddeutsch)

Krieg und Elend überziehen das Land

Fast 30 Jahre lang zogen deutsche, schwedische und französische Truppen durch Deutschland, plünderten, folterten und mordeten, steckten Dörfer und Städte in Brand. „Nehmen wir's nicht, so nimmt's der Feind" – nach dieser Devise handelten die Soldaten und verwüsteten, zerstörten oder schleppten hinweg, was immer sie bekommen konnten. Durch die niedergebrannten Felder brach die Versorgung der Städte mit Lebensmitteln zusammen. Schnell breiteten sich Seuchen im Land aus.

Voller Verzweiflung heißt es in einem damaligen Bericht:

Q1 … Der wirtschaftliche Niedergang, ja Untergang der meisten deutschen Städte war aber nicht allein durch Brandschatzung, Plünderung und Brand hervorgerufen, sondern ebenso sehr, wenn nicht mehr, durch Hunger und Seuchen. Sie wüteten in ihren Mauern entsetzlicher als Kugel und Schwert. In Augsburg schoss man bei einer Belagerung 1634 jeden Vogel aus der Luft, der zur Stadt flog. Als alle gewöhnlichen Nahrungsmittel aufgezehrt waren, verkaufte man auf den öffentlichen Brücken Fleisch von Hunden, Pferden, Katzen. Die armen Leute, denen auch das noch zu kostbar war, kochten sich Leder, speisten Ratten und Mäuse. Der wütende Reiz des Hungers vertilgte zuletzt den Schauder vor faulendem Aas, und die Gier verschmähte selbst das Fleisch menschlicher Leichname nicht. Es wandelten lebendige Gerippe in verblichener Menschengestalt auf den Gassen und priesen das Glück der Toten …

Man schätzt heute, dass auf dem Land etwa 40 Prozent der Dorfbewohner dem Krieg, Hunger und Seuchen zum Opfer fielen. In manchen Städten Südwestdeutschlands ging die Bevölkerungszahl gar um 70 bis 80 Prozent zurück.

1 *Beschreibt mithilfe von Text und Abbildung 1 die Leiden der Bevölkerung.*

CD-ROM-Tipp:
Das Zeitalter des Dreißigjährigen Krieges. Alltagsleben und Fortschritt in Jahren des Umbruchs. CD-ROM. MicroMediaArts, Köln.

Das Ende des Krieges und der Westfälische Frieden

2 Deutschland nach dem Westfälischen Frieden 1648.

Der Westfälische Frieden

Der Krieg im Deutschen Reich dauerte schon 25 Jahre, als die beteiligten europäischen Mächte sich endlich zu Friedensverhandlungen entschlossen. Doch erst fünf Jahre später, am 25. Oktober 1648, wurde der Friedensvertrag in den westfälischen Städten Münster und Osnabrück unterzeichnet. Dieser Frieden hatte für das Deutsche Reich tiefgreifende Folgen:

Religiöse Bestimmungen
- Der Augsburger Religionsfriede von 1555 wurde erweitert: Katholiken, Lutheraner und Calvinisten waren gleichberechtigt.
- Der Landesherr bestimmte in seinem Land die Religion.

Politische Bestimmungen
- Die Rechte des Kaisers wurden stark eingeschränkt. Wollte er im Reich neue Gesetze erlassen oder Steuern erheben, brauchte er die Zustimmung der Fürsten.
- Die Fürsten wurden politisch völlig selbstständig. Damit zerfiel das Deutsche Reich in 300 Einzelstaaten. Die europäische Politik wurde fortan von den Nachbarn des Deutschen Reiches bestimmt.

Gebietsveränderungen
- Schweden erhielt Küstengebiete an der Nordsee und an der Ostsee.
- Frankreich erhielt Gebiete im Elsass sowie Breisach und Philippsburg auf dem rechten Rheinufer.
- Bayern erhielt die Oberpfalz. Die Schweiz und die Vereinigten Niederlande schieden aus dem Reichsverband aus.

Die Regelung für die Gebiete des heutigen Sachsen-Anhalt

Der Westfälische Frieden 1648 sprach das Bistum Halberstadt und das Erzstift Magdeburg als weltliche Herrschaften dem brandenburgischen Kurfürsten Friedrich Wilhelm zu. Der Magdeburger Bürgermeister Otto von Guericke bemühte sich in Osnabrück zwar um die Anerkennung der Reichsfreiheit für die Stadt Magdeburg, blieb aber erfolglos.

2 *Beurteilt die Ergebnisse des Westfälischen Friedens aus der Sicht des Kaisers, der deutschen Fürsten und der Bevölkerung.*

3 *Vermutet, wie die katholischen und evangelischen Menschen über den Friedensvertrag gedacht haben.*

1648:
Der Westfälische Frieden beendet den Dreißigjährigen Krieg.

Zum Weiterlesen: In 300 Jahren vielleicht

Eggebusch im Oktober 1641: Hunger, Elend und Furcht bestimmen das Leben in dem kleinen Ort. Nur wenige Menschen können sich noch an die Zeit vor dem Krieg erinnern.

Wie eine schwarze Wunde klaffte das geöffnete Portal in dem gelblich verwitterten Mauerwerk der Kirche.
„Seid ihr so weit?“, fragte eine Stimme gedämpft aus dem dunklen Innenraum.
Draußen – versteckt hinter einem Grabhügel – hatte sich Elsa Hobe zusammen mit ihrem Sohn niedergekauert. Jetzt huschten die beiden über den kleinen Vorplatz bis zum Kircheneingang hinüber. Hastig entrollte die hagere Frau ein engmaschiges Netz, das mit den Längsseiten an Holzstangen befestigt war.
„Nicht loslassen nachher, Tobias!“, mahnte sie. Ihre Hände umschlossen zitternd die Haltestange.
Dem Vierzehnjährigen hatte die Angst den Mund ausgetrocknet, und das Schlucken würgte ihn. Während er die schweißfeuchten Hände an seinem Kittel rieb, blickte er prüfend zu den Hütten und halb verfallenen Häusern hinüber. An diesem 3. Oktober des Jahres 1641 war es warm und windstill in Eggebusch. Das Licht der Mittagssonne trieb die Schatten der Linde vom niederen Brunnendach quer über den Dorfplatz bis zur Mauer des Friedhofs hin. Innerhalb des festen Steinwalls umlagerten die Gräber dicht gedrängt den flachen Kirchenhügel. Sie reichten bis an den Pfad, der vom Mauertor herauf zum Vorplatz des schmalen Gotteshauses führte.
Niemand war am Brunnen und in der Nähe des Friedhofs zu entdecken. Tobias packte die Haltestange, presste die Lippen zusammen und nickte seiner Mutter zu. Schnell richteten sich beide auf und spannten das Netz quer vor das offen stehende Portal.
„Jetzt, Mathias!“, flüsterte Elsa Hobe in die Dunkelheit hinein. Scharf knackte ein Gewehrhahn. Tobias hielt den Atem an. Wie ein Donnerschlag dröhnte der Schuss durch den Kirchenraum.
Auf den Knall folgten erschrecktes Kreischen und Flügelschlagen. Die Vögel, die im Dachgebälk der Kirche ihre Nester hatten, flatterten dem hellen Ausgang zu und verfingen sich in den engen Maschen des Netzes. Ehe sie sich befreien konnten, sprang Tobias mitsamt der Netzstange zu seiner Mutter hinüber und schloss so die Falle. Gemeinsam legten sie die zappelnde Beute auf den Boden.
Hilflos schrien die Vögel. Elsa Hobe packte ein Tier nach dem anderen und riss ihnen die Köpfe ab.

1 Bildhafte Darstellung der Armut. Gemälde von Adriaen van de Venne (1589–1662).

„Mutter!“, stammelte Tobias, sein Herz verkrampfte sich. Mit weit geöffneten Augen starrte er auf ihre Hände.
„Den Sack. Schnell, Junge, schnell!“, keuchte Elsa Hobe. Benommen zog Tobias den Beutel aus der Tasche seines grauen Leinenkittels. Die Mutter zerrte die Öffnung auseinander und stopfte die blutenden Federkörper hinein. Vom Boden las sie die Köpfe auf und legte sie dazu.
„Wie viele sind es?“ Mathias Hobe trat mit dem Gewehr in der Hand aus der Kirche ins Freie.
„Fünf. Wirklich, fünf.“ Elsa Hobe blickte ihren Mann an. Das dunkle Haar hatte sich gelöst und hing ihr strähnig über die Augen, Tränen rollten die eingefallenen Wangen hinunter und vermischten sich mit dem Zucken der Mundwinkel – sie versuchte zu lächeln.
Durch den Schuss alarmiert, kamen Menschen über den Dorfplatz gelaufen. Ihnen voran humpelte Veit. Trotz seines lahmen Beines war er schneller als die anderen. Noch bevor er die Kirchhofsmauer erreicht hatte, schrie er: „Küster! Was schießt du?“
Hastig raffte Elsa Hobe das Netz und den Beutel an sich, verschwand um die Ecke der Kirche und floh über den rückwärtigen Friedhof. Tobias drängte sich dicht an seinen Vater. Jetzt keuchte Veit den Pfad zwischen den Gräbern hinauf. Nur drei Frauen folgten ihm noch. Die anderen Dorfbewohner hatten schon auf dem Marktplatz gezögert, als sie den Küster so ruhig vor der Kirche stehen sahen.

Wie die Geschichte ausgeht, erfahrt ihr in dem Buch von Tilman Röhrig: In 300 Jahren vielleicht. Arena, 15. Aufl., Würzburg 2004.

Zusammenfassung

Reformation
In den Jahrzehnten vor der Reformation war das Lebensgefühl der Menschen von Angst geprägt. In ihrer Not erwarteten sie Trost und Hilfe von der Kirche. Doch viele Geistliche kümmerten sich nicht um die Sorgen der Menschen. Ihr zügelloses Leben und der Handel mit Ablassbriefen erbosten viele Gläubige. Die Kritik Martin Luthers, zunächst vor allem am Ablasshandel, leitete die Reformation ein.
In 95 Thesen machte Luther auf weitere Missstände in der Kirche aufmerksam. Im Jahr 1521 belegte ihn der Papst mit dem Kirchenbann; ein halbes Jahr später verhängte Kaiser Karl V. die Reichsacht über ihn.
Diese Maßnahmen konnten die Ausbreitung der neuen Lehre aber nicht verhindern: Der Gebrauch der deutschen Sprache im Gottesdienst und Luthers Übersetzung der Bibel ins Deutsche bewirkten, dass sich viele Menschen der Lehre Luthers anschlossen.

Bauernaufstände
Luthers Schrift „Von der Freiheit eines Christenmenschen" weckte bei den Bauern, die unter der Leibeigenschaft und hohen Abgaben an die Grundherren litten, die Hoffnung auf bessere Lebensbedingungen. Ihre Klagen und Forderungen fassten sie in zwölf Artikeln zusammen. Sie beriefen sich dabei auf die Bibel.
In Süddeutschland wie auch in anderen Gebieten des Reiches kam es zu blutigen Kämpfen zwischen bewaffneten Bauernhaufen und Söldnerheeren der Fürsten. Auch Luther, der zunächst Verständnis für die Forderungen der Bauern gezeigt hatte, verurteilte die Gewaltanwendung der Bauern. In wenigen Wochen wurden die Bauern vernichtend geschlagen.

Gegenreformation und Dreißigjähriger Krieg
Alle Anstrengungen Kaiser Karls V., die Einheit der Christen zu bewahren, scheiterten am Widerstand der Landesfürsten. Auf dem Reichstag zu Augsburg im Jahr 1555 wurde schließlich die Gleichberechtigung der katholischen und der lutherischen Konfession beschlossen. Außerdem legte man fest, dass die Untertanen den Glauben des jeweiligen Landesherrn annehmen oder das Land verlassen mussten.
Am Streit um die böhmische Königskrone entzündete sich der Dreißigjährige Krieg, der Deutschland weithin verwüstete und zur Zersplitterung des Deutschen Reiches führte. Der Westfälische Friede 1648 legte fest, dass jeder Gläubige selbst entscheiden durfte, welcher Konfession er angehören wollte.

1517

Luthers Wittenberger Thesen zur Kirchenreform lösen die Reformation aus.

1521

Der Kaiser verhängt die Reichsacht über Luther (Wormser Edikt).

1. Hälfte des 16. Jh.

Die Reformation verbreitet sich rasch in Europa.

1618–1648

Der Dreißigjährige Krieg wütet in ganz Europa.

Check: Das solltet ihr wissen

Arbeitsbegriffe

- ✓ Martin Luther
- ✓ Ablasshandel
- ✓ 95 Thesen
- ✓ Bauernkrieg
- ✓ Gegenreformation
- ✓ Dreißigjähriger Krieg
- ✓ Westfälischer Frieden

Was wisst ihr noch?

1 Welche Missstände gab es in der Kirche vor der Reformation?
2 Was ist ein Ablass und was sagte Luther zum Ablasshandel?
3 Erklärt den Begriff „Reichsacht". Wer hat sie über wen verhängt?
4 Nennt wichtige Forderungen der Bauern im deutschen Bauernkrieg.
5 Welche Folgen hatte der Dreißigjährige Krieg für das Deutsche Reich?

Tipps zum Weiterlesen

Günther Bentele: Wolfsjahre. Bertelsmann, München 1999.

Manfred Mai/Gabriele Hafermaas: Nichts als die Freiheit. Der deutsche Bauernkrieg. dtv junior, München 2004.

Inge Ott: Verrat. Erlebnisse eines Jungen im Dreißigjährigen Krieg. Verlag Freies Geistesleben, Stuttgart 1993.

Check: Das solltet ihr können
Erklären – zuordnen – berichten – erkunden

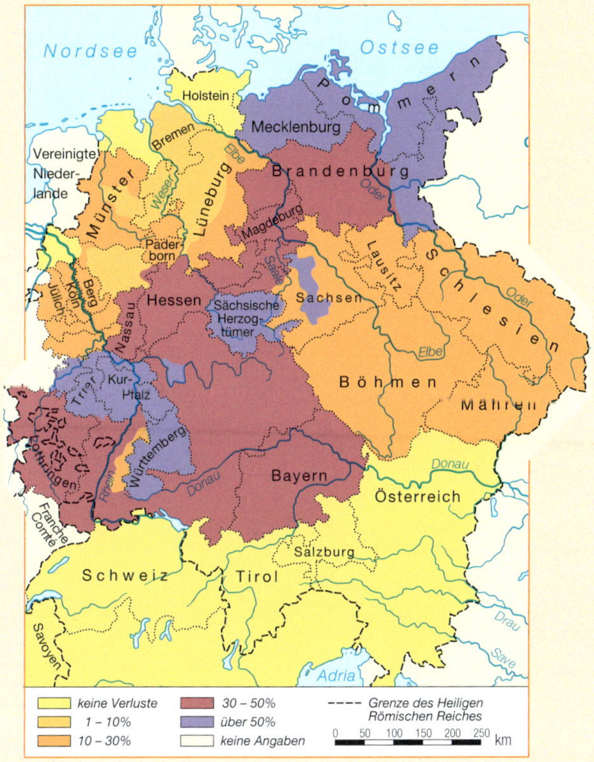

1 Bevölkerungsverluste im Dreißigjährigen Krieg.

2 Plünderung bei den Bauern: Der Krieg ernährt den Krieg. Gemälde von Pieter Codde (1599–1678).

3 Soldaten überfallen Frauen.
Stich von H. U. Frank, 1645.

4 Überfall von Soldaten auf ein Dorf.
Stich von H. U. Frank, 1645.

1 *Schreibt eine Erzählung über den Dreißigjährigen Krieg aus der Sicht einer der auf den Abbildungen 2 bis 4 dargestellten Personen. Beachtet dabei auch die Hinweise auf der Karte 1. Verwendet unter anderem folgende Wörter: feindliche Soldaten – eines Tages – plündern – foltern – töten – Hunger – Hunde- und Katzenfleisch – Krüppel – Tod – unser Ort hatte immer weniger Einwohner – Armut – Seuchen – verzweifelt – Westfälischer Friede – Hoffnungslosigkeit – brannte – 30 Jahre*

3. Der Absolutismus Ludwigs XIV.

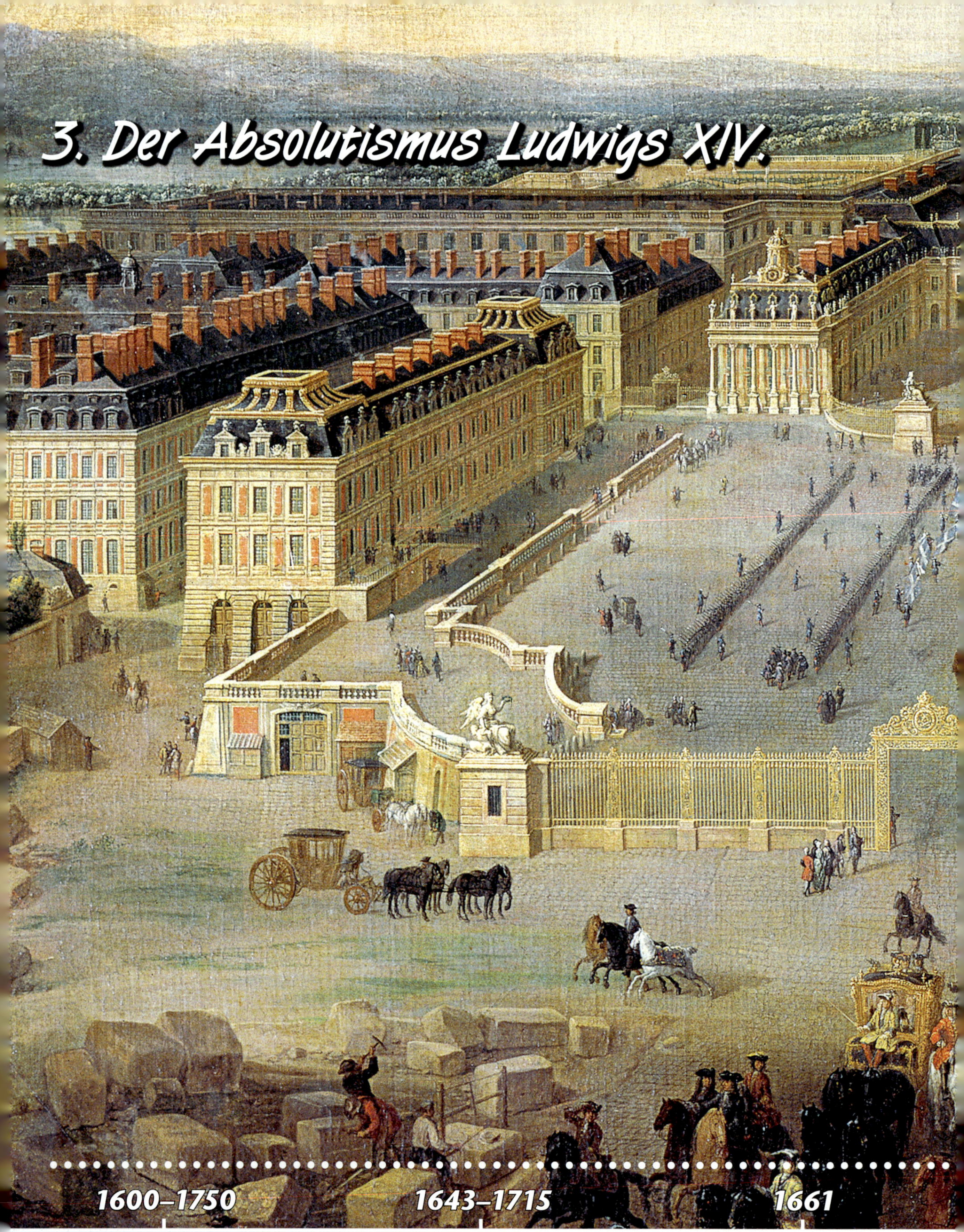

1600–1750	1643–1715	1661
KUNSTSTIL DES BAROCK IN EUROPA	KÖNIG LUDWIG XIV.	BAUBEGINN VON VERSAILLES

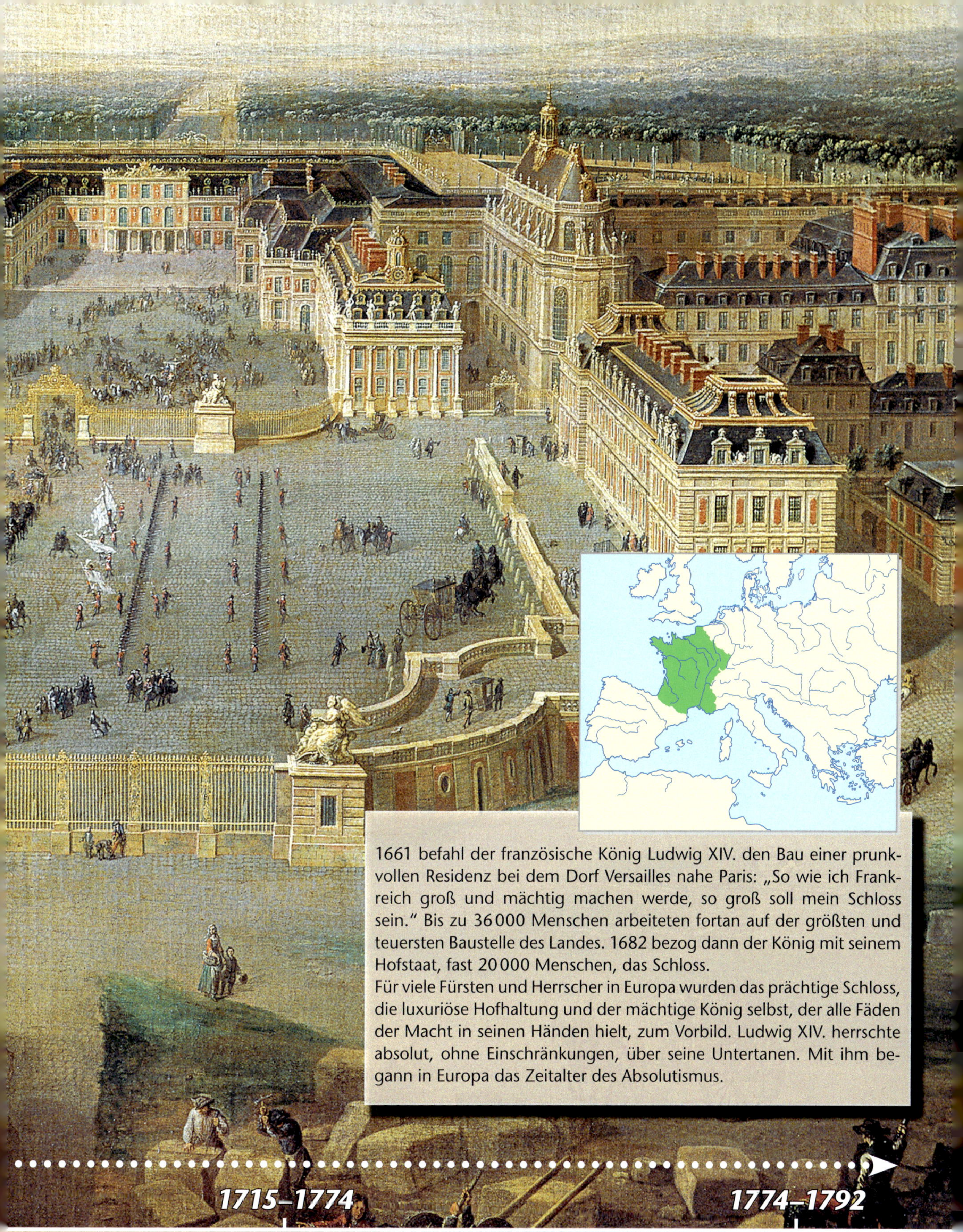

1661 befahl der französische König Ludwig XIV. den Bau einer prunkvollen Residenz bei dem Dorf Versailles nahe Paris: „So wie ich Frankreich groß und mächtig machen werde, so groß soll mein Schloss sein.“ Bis zu 36 000 Menschen arbeiteten fortan auf der größten und teuersten Baustelle des Landes. 1682 bezog dann der König mit seinem Hofstaat, fast 20 000 Menschen, das Schloss.

Für viele Fürsten und Herrscher in Europa wurden das prächtige Schloss, die luxuriöse Hofhaltung und der mächtige König selbst, der alle Fäden der Macht in seinen Händen hielt, zum Vorbild. Ludwig XIV. herrschte absolut, ohne Einschränkungen, über seine Untertanen. Mit ihm begann in Europa das Zeitalter des Absolutismus.

1715–1774

1774–1792

LUDWIG XV.

LUDWIG XVI.

Ludwig XIV.: „Der Staat bin ich!"

1 König Ludwig XIV. von Frankreich. Gemälde des königlichen Hofmalers Hyacinthe Rigaud, 1701.

1643–1715:
Herrschaft des französischen Königs Ludwig XIV. Seine Nachfolger und die letzten absolutistischen Herrscher in Frankreich waren Ludwig XV. (1715 bis 1774) und Ludwig XVI. (1774 bis 1792).

Medaille Ludwigs XIV. *von 1674.*

Ludwig XIV. übernimmt die Regierungsgeschäfte

1643 kam in Frankreich der fünfjährige Ludwig XIV. auf den Thron. Solange er noch ein Kind war, führte für ihn Kardinal Mazarin die Regierungsgeschäfte. Der Kardinal starb am 9. März 1661. Bereits am folgenden Morgen, um 7 Uhr früh, rief Ludwig XIV. den Staatsrat zusammen. Nichts, so erklärte er den Ministern, dürfe von jetzt an ohne seinen Willen geschehen. Er allein werde in Zukunft die Befehle erteilen. Sache der Minister und Beamten sei es, diese auszuführen.

Zehn Jahre später schrieb Ludwig XIV. von sich selbst:

Q1 … Ich entschloss mich, keinen „Ersten Minister" mehr in meinen Dienst zu nehmen. Denn nichts ist unwürdiger, als wenn man auf der einen Seite alle Funktionen, auf der anderen Seite nur den leeren Titel eines Königs bemerkt.
Ich wollte die oberste Leitung ganz allein in meiner Hand zusammenfassen … Ich bin über alles unterrichtet, höre auch meine geringsten Untertanen an, weiß jederzeit über Stärke und Ausbildungszustand meiner Trup-

Die Macht des absoluten Herrschers

2 **Ludwig XIV. lässt sich und seine Familie in den Gestalten antiker Götter malen.**
Gemälde von Jean Nocret, um 1670.

pen und über den Zustand meiner Festungen Bescheid. Ich gebe unverzüglich meine Befehle zu ihrer Versorgung, verhandle unmittelbar mit den fremden Gesandten, empfange und lese die Nachrichten und entwerfe teilweise selbst die Antworten, während ich für die übrigen meinen Sekretären das Wesentliche angebe. Ich regle Einnahmen und Ausgaben des Staates und lasse mir von denen, die ich mit wichtigen Ämtern betraue, persönlich Rechenschaft geben …

1 *Schreibt aus Q1 die Aufgabenbereiche heraus, um die sich der König selber kümmert. – Erläutert anschließend seine Vorstellungen von der Regierung eines absoluten Herrschers.*

Ludwig XIV.: „Der Staat – das bin ich!"
Diese – allerdings nicht verbürgte – Aussage Ludwigs XIV. entsprach seiner Vorstellung von einer absoluten* Herrschaft, die er direkt von Gott erhalten habe.

Sein Hofprediger, Bischof Jacques Bossuet (1627–1704), schrieb dazu:

Q2 … Gott setzt die Könige als seine Minister ein und regiert durch sie die Völker. Sie handeln als seine Diener und Stellvertreter auf Erden … Der königliche Thron ist nicht der Thron eines Menschen, sondern der Thron Gottes selbst. Aus all dem geht hervor, dass die Person des Königs geheiligt ist … Der König muss über seine Befehle niemandem Rechenschaft geben … Nur Gott kann über seine Maßnahmen urteilen …

2 *Nehmt zu den Aussagen des Bischofs (Q2) Stellung. – Welche Forderungen des Königs unterstützt er und wie begründet er sie?*
3 *Beschreibt Abbildung 2. Arbeitet heraus, wie das Gemälde die Vorstellungen Ludwigs XIV. unterstützt.*
4 *Welche Botschaft wollte Ludwig XIV. mit diesem Gemälde vermitteln?*

Absolutismus*: *(lat. absolutus = losgelöst). Bezeichnung für die Epoche vom 17. bis 18. Jahrhundert, in der Ludwig XIV. und seine Regierungsform in Europa als Vorbild galten. Der Monarch besaß die uneingeschränkte Herrschaftsgewalt. Er regierte losgelöst von den Gesetzen und forderte von allen Untertanen unbedingten Gehorsam.*

Gottesgnadentum: *Die Könige und Fürsten rechtfertigten ihren absoluten Herrschaftsanspruch als von Gott eingesetzte und nur ihm verantwortliche Herrscher.*

Im Schloss von Versailles

1 Schloss Versailles. Blick aus dem königlichen Schlafzimmer. Die Gartenfront des Schlosses ist 580 m lang und hat 375 Fenster. Gemälde von Pierre Denis Martin, 1722.

Liselotte von der Pfalz (1652–1722) war gegen ihren Willen mit einem Bruder Ludwigs XIV. verheiratet; sie lebte in Versailles und wurde bald eine enge Vertraute des Königs.

Löhne und Preise zur Zeit des Baus von Versailles *(in Livres):*

Jahresgehalt des Gartenbaumeisters le Nôtre 14 000

Jahreslohn eines Maurers (13-Stunden-Tag) ca. 180

Kosten für

ein Leinenhemd 4

ein Pfund Ochsenfleisch 0,15

450 g Weißbrot 0,10

eine Perücke 42–100

Ein Schlafzimmer im Zentrum des Schlosses

Versailles war ursprünglich eine sumpfige Einöde. In einem „Sumpf, in dem Nattern, Kröten und Frösche hausten" – so berichtet ein Zeitgenosse –, ließ der König das Jagdschlösschen seines Vaters zur glanzvollen Residenz erweitern. Von 1661 bis 1689 bauten bis zu 36 000 Arbeiter an der Schlossanlage. 6 000 Pferde waren zum Transport der Materialien eingesetzt. In den ausgedehnten Parkanlagen wurde ein See von 700 m Länge angelegt.
Um die 1400 Brunnen und Fontänen mit Wasser zu versorgen, musste ein kleiner Fluss gestaut werden. Im Zentrum der ganzen Anlage stand das Schloss (siehe S. 64/65). In ihm befanden sich fast 2000 Räume, dazu große Säle und riesige Flure. Bei den zahlreichen Festen, die der König veranstalten ließ, fanden hier über 20 000 Menschen Platz. In der Nacht leuchteten dazu über 200 000 Lampions. Der König zeigte sich auf diesen Festen bisweilen im Gewand eines römischen Sonnengottes.
Auch die Stadt Versailles wurde in den Schlossbau einbezogen: Wie der Park von Versailles, so wurden auch neue Stadtviertel nach geometrischem Mustern angelegt und waren auf das Schloss ausgerichtet. Lange Straßen aus der Stadt führen noch heute vor dem Schloss zusammen.

Prinzessin Liselotte von der Pfalz, Tochter des Kurfürsten von Heidelberg, verheiratet mit einem Bruder des Königs, schrieb über Versailles:

Q1 … Es herrscht hier in Versailles eine Pracht, die du dir nicht ausdenken kannst. An Marmor und Gold wurde nicht gespart. Edelsteine, Spiegel, Edelhölzer, Teppiche, wohin du schaust. Köstliche Gemälde und Statuen an den Wänden. Und erst die Springbrunnen, Wasserkünste und Pavillons in dem riesigen Park. Denke dir nur, alle Alleen, Wege und Wasserläufe sind auf das Schlafzimmer des Königs, das im Zentrum des Schlosses liegt, ausgerichtet …

Trotz all der Pracht herrschte im Schloss eine qualvolle Enge. Versailles beherbergte nahezu 20 000 Menschen. Der gesamte Hofstaat, adlige Herrschaften und ihre Familien, Minister und Beamte lebten seit dem Umzug im Jahr 1682 in einem Schloss, das höchst unpraktisch eingerichtet war. Nur wenige Räume waren beheizbar, und es fehlten Bäder und Toiletten. Doch wer in Frankreich etwas werden und bedeuten wollte, musste sich in die Nähe des Königs begeben und alles tun, um ihm aufzufallen.

1 *Beschreibt mithilfe des Textes, Q1 und der Abbildungen 1 und S. 64/65 die Schlossanlage von Versailles.*

Ein König im Schlafrock

Wer darf dem König beim Anziehen helfen?

Schloss Versailles war das Zentrum Frankreichs. Der König bestimmte nicht nur über das Leben seiner Untertanen, sondern auch über das Leben am Hof. Die strenge Hofetikette* schrieb jedem Höfling den Tagesablauf genau vor.

Über die tägliche „Zeremonie des Ankleidens" berichtete ein Herzog:

Q2 … Morgens weckt den König der erste Kammerdiener. Dann treten der Reihe nach fünf verschiedene Gruppen von Menschen in das Schlafzimmer.

Zuerst kommt die „vertrauliche Gruppe": Das sind seine Kinder, der erste Arzt und der erste Chirurg. Es folgt die „große Gruppe": Zu ihr gehören der Meister der Garderobe, Friseure, Schneider, verschiedene Diener und die Kammerdamen der Königin. Man gießt dem König aus einer vergoldeten Schale Franzbranntwein über die Hände. Dann bekreuzigt sich der König und betet. Anschließend erhebt er sich aus dem Bett und zieht die Pantoffeln an. Der Großkämmerer reicht ihm den Schlafrock.

In diesem Augenblick wird die dritte Gruppe hereingelassen: verschiedene Diener, weitere Ärzte und Chirurgen und die königlichen Nachttopfträger. Der Kammer-Edelmann nennt dem König die Namen der vor der Tür wartenden Edelleute.

Diese treten als vierte Gruppe ein: Es sind dies die Mantel- und Büchsenträger, Kaplan und Hofprediger, Hauptmann und Major der Leibgarde, der Oberjägermeister, der Oberwolfsjäger und Oberbrotmeister, Gesandte und Minister. Der König verlangt jetzt sein Taghemd. Dies war der Höhepunkt der Zeremonie: Das Recht, dem König das Hemd zu reichen, stand dem Bruder des Königs zu; wenn er abwesend war, den Söhnen und Enkeln des Königs. War der König angezogen, betrat er das anliegende Gemach. Dort hielt er Rat mit den Ministern. …

Liselotte von der Pfalz berichtete über ihr Leben in Versailles. Sie schrieb nach Hause:

2 Der König wird angekleidet. Farblithografie von Maurice Leloir, 19. Jahrhundert.

Q3 … Alle Montag, Mittwoch und Freitag versammeln sich alle Frauen um 18.00 Uhr in der Kammer der Königin. Dann gehen alle miteinander in einen Raum, wo die Violinen spielen für die, die tanzen wollen. Von da geht man in einen Salon, wo des Königs Thron ist. Da gibt es Musik, Konzerte und Gesang. Von da geht man in einen Saal, wo mehr als 20 Spieltische stehen. Dies alles dauert von 18.00 bis 22.00 Uhr, dann geht man zum Nachtessen …

2 *Berichtet mithilfe von Q2 und Abbildung 2 über die tägliche Zeremonie des Ankleidens. – Achtet dabei auch auf die Haltung der einzelnen Personen.*

Etikette*: *Regeln, die beim Umgang mit anderen Menschen einzuhalten sind, besonders gegenüber Höhergestellten.*

Adlige Frau *in der Mode zur Zeit des Absolutismus.*

Lesetipp: *Annie Pietri: Die Orangenbäume von Versailles. Bloomsbury, Berlin 2005. Der spannende Roman spielt am Hof des Sonnenkönigs.*

Schauplatz Geschichte: Der Spiegelsaal im Schloss Versailles

Schauplatz Geschichte:
Der Spiegelsaal im Schloss Versailles

Geschichte vor Ort: Schloss Oranienbaum

1 Schloss Oranienbaum.

Kleine Versailles in ganz Europa

Voller Bewunderung blickten viele Fürsten und Könige in Europa nach Frankreich. Versailles und Ludwig XIV. waren ihre großen Vorbilder, und sie bemühten sich als „kleine Sonnenkönige", die Lebensweise und die Baukunst des französischen Absolutismus nachzuahmen. So wurden in vielen kleineren und größeren Fürstentümern prächtige Schlösser gebaut. Umgeben waren diese Residenzen (Wohnsitze) der Fürsten von großflächigen Parkanlagen mit Blumenbeeten und Rasenflächen in geometrischen Formen; auch die Natur hatte sich dem Herrscherwillen unterzuordnen. Künstlich angelegte Seen und Kanäle sowie zahlreiche Brunnen erfreuten jeden Besucher. Diese Gartenarchitektur und den neuen Baustil bezeichnete man als Barock. „Barocco" nannte man in Portugal minderwertige Perlen mit unregelmäßiger Oberfläche. Das Wort „Barock" steht also für das Verschnörkelte, auch das Überladene, für das Unregelmäßige, das von der vorausgegangenen Kunst abweicht.

Besonderer Wert wurde auf die Ausgestaltung der Innenräume gelegt. Große Festsäle und prächtige Treppenhäuser waren Zeichen der fürstlichen Macht und des Reichtums.

Das Schloss Oranienbaum in Sachsen-Anhalt

Auch in Anhalt-Dessau wurde in dieser Zeit ein Schloss gebaut, das Schloss Oranienbaum. Bauherrin war die Gemahlin des Fürsten Johann Georg II. von Anhalt-Dessau, Henriette Catharina. Sie war eine holländische Prinzessin von Oranien-Nassau und beauftragte mit dem Bau des Schlosses daher auch einen niederländischen Baumeister.
Im Jahre 1683 begannen die Arbeiten zur Errichtung des Schlosses. Gleichzeitig wurde die dazu gehörende Stadt – wie in Versailles – planmäßig angelegt. Schloss und Schlossgarten standen dabei im Zentrum und betonten so den Herrschaftsanspruch der Fürstin.
Kostbare Möbel aus Ebenholz, wertvolle Truhen, Spiegel und Stoffe aus Damast schmückten dieses Schloss. An den Wänden hingen Gemälde berühmter niederländische Maler, vor allem Porträts ihrer Familie.
Als ihr Ehemann im Jahre 1693 starb, wurde Schloss Oranienbaum zum Witwensitz, den die Fürstin zu einem prächtigen Residenzschloss immer weiter ausbauen ließ.
Nach ihrem Tod wurde das Schloss nur noch gelegentlich als Jagdschloss genutzt.
Seit einigen Jahren wird das Schloss sorgfältig restauriert.
Weitere Informationen zu diesem Schloss findet ihr auch im Internet.

1 *Seht euch die Abbildungen 1 und 2 genau an und erklärt, inwiefern die Anlage von Schloss und Stadt Oranienbaum einen absoluten Herrschaftsanspruch erkennen lässt.*

2 *Ermittelt Unterschiede und Gemeinsamkeiten zum Schloss Versailles. Zieht dazu die Seiten 64/65 und 68/69 heran.*

3 *Ihr könnt eure nächste Klassenfahrt z. B. nach Oranienbaum unternehmen. Seht euch dort die restaurierten Gebäude an. Überlegt, warum das Land Sachsen-Anhalt so viel Geld für Renovierung und Erhalt dieser oder ähnlicher Schlossanlagen ausgibt.*

2 **Stadt und Schloss Oranienbaum.** Luftbild.

3 **Die Porzellanschauwand im Ledertapetensaal.** Da Porzellan sehr teuer und wertvoll war, dienten die Vasen und Gefäße nicht dem Gebrauch. Das so prachtvoll ausgestellte Porzellan sollte dem Besucher zeigen, wie reich und mächtig der Fürst war, dem dieses gehörte.

4 **Die fünfgeschossige chinesische Backsteinpagode im Schlosspark.** Sie entstand zwischen 1793 und 1797. Typisch für die Zeit des Barock war auch das Interesse an fremden Kulturen.

Methode: Gemälde als Quelle nutzen

1 **Das Jahr 1701: In der Werkstatt des königlichen Hofmalers Hyacinthe Rigaud (1659–1743) wird ein Bild Ludwigs XIV. angefertigt.** Das große Gemälde (1,94 m x 2,77 m) zeigt den 63-jährigen König, der seit 40 Jahren Frankreich regiert.

Methode: Ein Herrscherbild erzählt

Schon das Schloss und das Hofleben von Versailles haben uns viel über Ludwig XIV. erzählt; aus dem Herrscherbild können wir noch mehr über ihn erfahren. Vor der Erfindung von Radio, Film, Fernsehen und Internet waren nämlich Gemälde die wichtigste Möglichkeit von Herrschern, sich selbst ihrem Volk zu präsentieren. Kein Detail eines Bildes war deshalb dem Zufall überlassen; die Maler mussten genau nach Anweisung arbeiten.
Um die Darstellung eines Bildes und insbesondere die Botschaft, die es vermittelt, zu verstehen, müssen wir es uns genau anschauen, analysieren und interpretieren. Folgende Vorgehensweise kann uns dabei helfen:

- Zuerst wollen wir das Herrschergemälde auf uns wirken lassen. Schaut es in Ruhe an und schildert dann den ersten Eindruck, den der König auf euch macht.
- Wir wollen aber noch mehr über das Bild erfahren und es deshalb genauer untersuchen:

1. Schritt:
Wer ist dargestellt?
Die Namen und Lebensdaten des Herrschers sind euch ja schon bekannt. Ihr könnt aber überlegen, warum der König das Gemälde erst so spät hat anfertigen lassen.
Der König ist ganz alleine auf dem Bild. Warum hat der Maler keine weiteren Personen in das Bild gesetzt?

2. Schritt:
Was ist dargestellt?
Erstellt eine Liste mit den eurer Meinung nach drei bis vier wichtigsten Einzelheiten im Bild. Überlegt, warum der Maler diese darstellte.

3. Schritt:
Wie ist der Herrscher dargestellt?
Betrachtet genau die Kleidung, die Haartracht, die Gestik und Mimik des Königs. Was sagen sie aus?

4. Schritt:
An wen richtet sich die Darstellung?
Überlegt, wer sich dieses Bild angesehen hat. Immer waren es die Untertanen des Königs. Wie sehen sie ihren Herrscher? Schaut er sie an? Wie schaut er sie an? Sehen sie selbst den König eher von unten oder von oben an?

- Wir können uns aber noch mehr auf das Bild einlassen und versuchen, kreativ mit ihm zu arbeiten, z. B. indem wir den Bildaufbau nachzeichnen. Klebt so viele Bogen Packpapier zusammen, bis ihr die Größe des Gemäldes erreicht habt. Befestigt diese Fläche an einer Wand im Klassenzimmer und skizziert die Person des Königs.
  - Fügt Sprech- oder Denkblasen in das Bild ein. Überlegt, welcher Ausspruch Ludwigs XIV. am besten zu dem Gemälde passen würde.
  - Formuliert einen Bildauftrag.
  - Verfasst einen Brief, in dem Ludwig XIV. seinen Hofmaler Rigaud beauftragt, ein Porträt von ihm zu malen. Erläutert dem Maler eure Vorstellungen.
  - Vergleicht historische Bilder miteinander. In welchem Zusammenhang stehen das Historienbild und die Karikatur (Abbildung 2)? Beachtet dabei auch dessen Titel.
  - Überlegt, was der Zeichner mit der Karikatur (Abbildung 2) erreichen wollte.

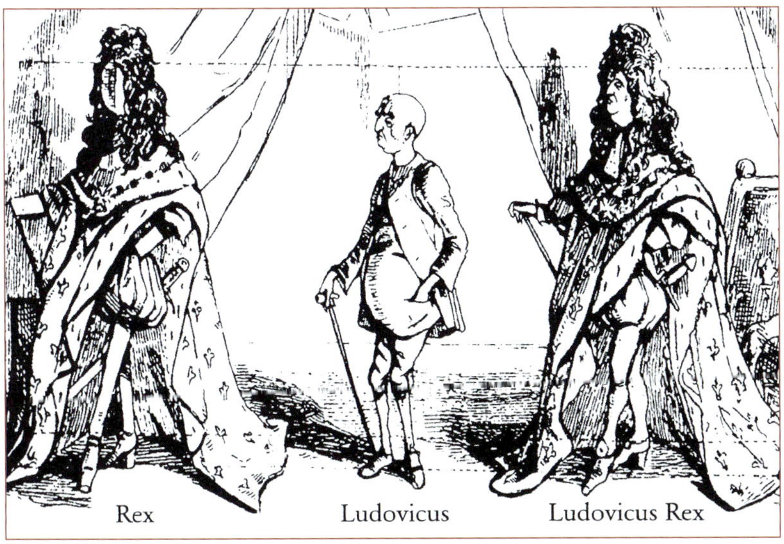

2 **Abnahme der Maske.** Karikatur von William Thackeray, um 1830. Der Zeichner schrieb zu der Karikatur: „Man sieht sofort, dass die Majestät aus der Perücke gemacht ist, den hochhackigen Schuhen und dem Mantel … So stellen Barbiere und Flickschuster die Götter her, die wir anbeten."

Der König und seine Untertanen

Geistlicher

Adliger

Bürger

Bauer

Stände*: *Gesellschaftliche Gruppen, die sich voneinander durch Herkunft, Beruf und eigene Rechte abgrenzen. Im Mittelalter unterschied man drei Stände: erster Stand: Geistlichkeit; zweiter Stand: Adel; dritter Stand: Bürger und Bauern.*

Hugenotten*: *Bezeichnung für die französischen Protestanten.*

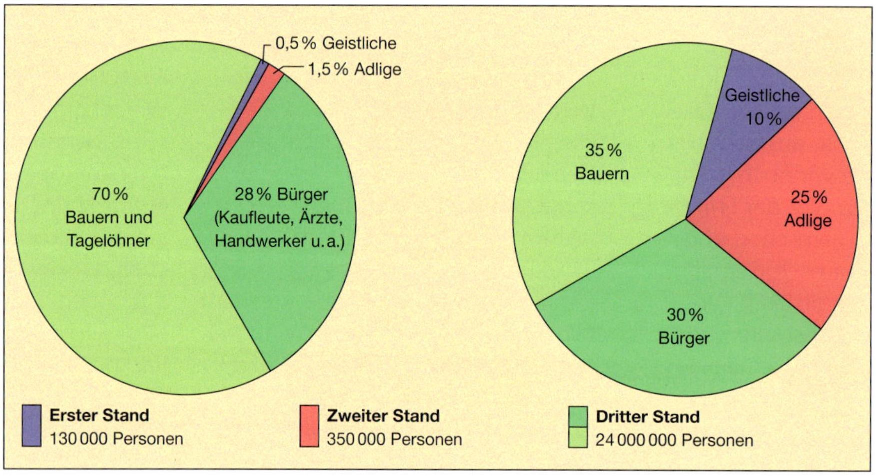

1 Die ständische Gliederung und die Verteilung des Grundbesitzes um 1780.

Die ständische* Gesellschaft

Die Bevölkerung Frankreichs war – ähnlich wie im Mittelalter – in drei Stände eingeteilt: Klerus, Adel und dritter Stand.

Den ersten Stand bildeten die Geistlichen, den zweiten die Adligen. Zusammen machten sie gerade mal zwei Prozent der Bevölkerung aus (vgl. Abbildung 1). Die Angehörigen dieser beiden Stände genossen alle Privilegien (= Vorrechte): Sie mussten keine Steuern zahlen, wurden bei der Vergabe hoher Ämter in Armee, Verwaltung und Kirche bevorzugt und lebten von den Abgaben, die von ihnen abhängige Bauern an sie entrichten mussten.

Der König verlangte, dass die Adligen sich an seinem Hof in Versailles aufhielten. So hatte er sie allezeit unter Kontrolle.

Fast alle Steuern, die der König einnahm, wurden vom dritten Stand bezahlt. Hierzu zählten Bankiers, Großkaufleute, Rechtsanwälte und Ärzte, die in den Städten lebten. Den größten Teil des dritten Standes aber stellte die Landbevölkerung, leibeigene Bauern und ihre Familien sowie Tagelöhner. Trotz ihrer großen Armut mussten auch sie hohe Steuern für das luxuriöse Leben in Versailles entrichten. Konnte ein Bauer seine Steuern nicht bezahlen, holten Steuereintreiber ihm das Vieh aus dem Stall oder rissen sogar die Türen heraus, um sie zu verkaufen.

1 *Stellt die Situation der drei Stände in Frankreich um 1780 dar. Seht euch dazu auch Abbildung 1 an.*

Die Macht der königlichen Beamten

Um in der Verwaltung des Landes nicht auf den guten Willen des Adels angewiesen zu sein, setzte Ludwig XIV. in allen Provinzen königliche Beamte ein, die von ihm besoldet wurden. Gegenüber dem König waren sie zu absolutem Gehorsam verpflichtet.

Die Beamten überwachten die Steuereinziehung, die Gerichte, die Polizei und das Militär ebenso wie den Straßenbau, die Lebensmittelversorgung und die Religionsgemeinschaften.

Ein König, ein Gesetz, ein Glaube

Viele Franzosen gehörten damals zu den Hugenotten*. Ihnen war im Jahr 1598 die freie Ausübung ihrer Religion zugesichert worden. Ludwig XIV. aber erneuerte die alte Forderung der französischen Könige: „Ein König, ein Gesetz, ein Glaube". Im Jahr 1685 verbot er daher den protestantischen Glauben und ließ alle protestantischen Kirchen niederreißen. Zugleich wurde den Hugenotten verboten, aus Frankreich auszuwandern. Viele Hugenotten traten aus Angst vor dem König zum katholischen Glauben über oder flohen trotz des königlichen Verbots ins Ausland.

Königliche Beamte übernahmen die Aufsicht über das Vermögen der katholischen Kirche. Die Bischöfe ernannte der König selbst.

2 *Erklärt die Bedeutung des Grundsatzes: „Ein König, ein Gesetz, ein Glaube."*

Ludwig XIV. sichert seine Macht

2 Der Bauernstand trägt die ersten zwei Stände. Tauben und Kaninchen, die der Bauer nicht erlegen durfte, verursachen Ernteschäden. Radierung, 1789.

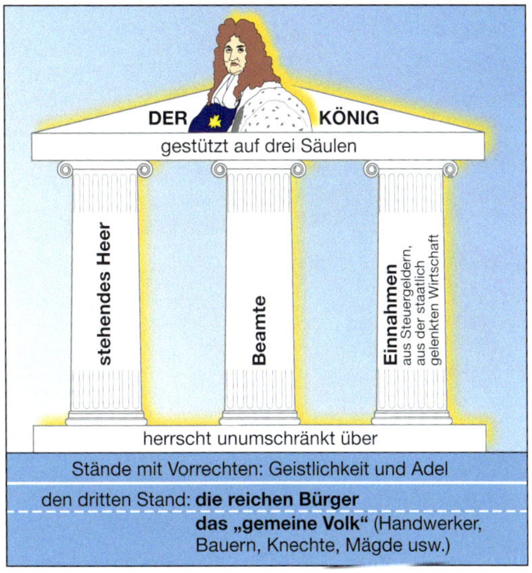

3 Stützen der absolutistischen Macht.

Ludwig XIV. und sein stehendes Heer*

Mit Energie betrieb der König auch den Ausbau der Armee: Kriege hatten gezeigt, dass mühsam zusammengetrommelte und gekaufte Landsknechtsheere unzuverlässig waren. Daher schuf Ludwig XIV. jetzt ein sogenanntes „stehendes Heer“. Die Soldaten wurden für längere Zeit gegen einen festen Sold angeworben und waren ständig einsatzbereit. Nur die Adligen konnten in die höheren Dienstränge aufsteigen. Damals wurde in der französischen Armee auch die einheitliche Uniform eingeführt. Schon bald wurde Frankreich zur stärksten Militärmacht Europas. Von 1664 bis 1703 stieg die Zahl der Soldaten von 45 000 auf 400 000 Mann.

Dieses gewaltige Heer war die wichtigste Basis für die Herrschaft Ludwigs XIV.: In Frankreich selber sollte es Adlige, aber auch Bauern und Bürger von der Auflehnung gegen seine Herrschaft abhalten. Nach außen hin wollte der König mithilfe dieser großen Armee seine Machtansprüche gegenüber den anderen europäischen Staaten durchsetzen. Mit diesem Heer führte der König in mehr als der Hälfte seiner Regierungszeit Kriege gegen verschiedene Nachbarstaaten, so gegen Spanien, England, Holland und Österreich. Sie kosteten etwa 1 200 000 Menschen das Leben.

3 *Erläutert mithilfe des Lehrbuchtextes und der Abbildung 3, wie Ludwig XIV. unumschränkt herrscht. Welche Aufgaben hat das stehende Heer, wie unterstützen ihn die Beamten und woher erhält er seine Einnahmen?*

Wer soll das bezahlen?

Der Unterhalt einer großen Armee und die häufigen Kriege hatten aber auch ihren Preis. Bewaffnung, Ernährung und Unterkünfte verschlangen riesige Summen – in Friedenszeiten ein Drittel, im Krieg über zwei Drittel der Staatseinnahmen. Der König wollte daher die Staatseinnahmen weiter erhöhen. Doch das Land war ausgeblutet.

In dem Bericht eines königlichen Beamten aus dem Jahr 1678 hieß es:

Q1 … Von allen Seiten kommt man zu mir mit der Bitte, dem Könige vorzustellen, wie man ganz außerstande ist, die Abgaben zu bezahlen. Es ist sicher, und ich spreche davon, weil ich es genau weiß, dass der größte Teil der Einwohner unserer Provinz während des Winters nur von Eichel- und Wurzelbrot gelebt hat und dass man sie jetzt das Gras der Wiesen und die Rinde der Bäume essen sieht …

4 *Überlegt gemeinsam, was der Künstler von Abbildung 2 mitteilen möchte.*

stehendes Heer*: *In der frühen Neuzeit wurden Heere nur für einen Krieg aufgestellt. Die Söldner und die Landsknechte wurden nach Kriegsende wieder entlassen. Ludwig XIV. schuf jedoch Armeen, die auch in Friedenszeiten einsatzbereit unter Waffen standen.*

Beispiele für militärische Bezeichnungen *aus der französischen Armee, die von anderen europäischen Armeen übernommen wurden:*

Infanterie
Artillerie
Kavallerie
Leutnant
Munition
General
Proviant

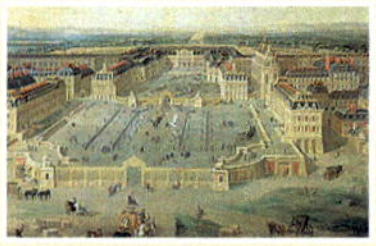

Merkantilismus – die neue Wirtschaftspolitik

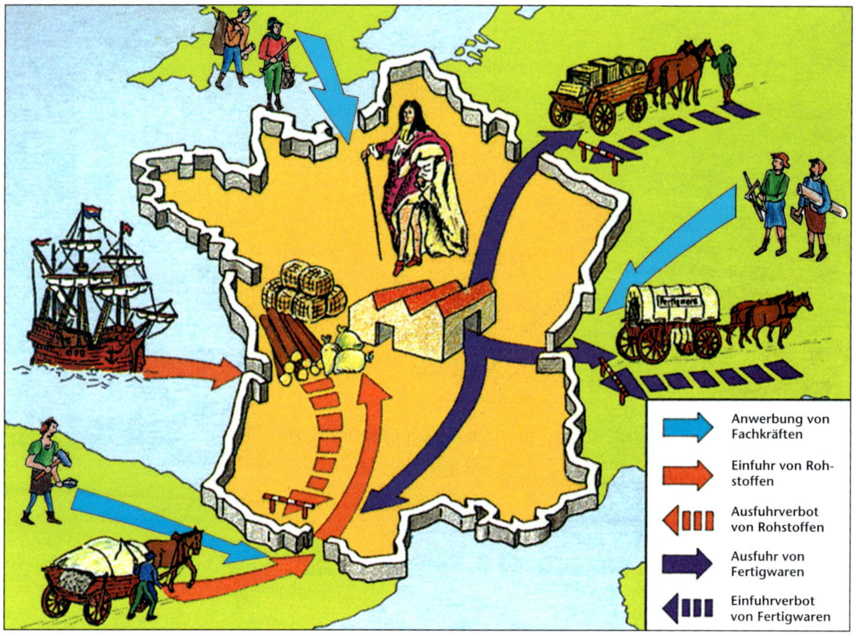

1 **Die Wirtschaftsform des Merkantilismus*.**

Merkantilismus*: *(lat. mercator = Kaufmann). Staatlich gelenkte Wirtschaftsform des Absolutismus. Durch intensiven Handel sollte möglichst viel Geld in das Land kommen, möglichst wenig Geld das Land verlassen. Die Regierung erhöhte daher die Ausfuhr von Fertigwaren und erschwerte die Einfuhr ausländischer Waren durch hohe Zölle.*

Der König in Not

Nur wenige Jahre nach dem Regierungsantritt Ludwigs XIV. war der französische Staat bereits restlos verschuldet. Dazu hatte der Unterhalt des Heeres ebenso beigetragen wie die grenzenlose Verschwendungssucht des Königs. Warnend schrieb ihm sein Finanzminister Colbert:

Q1 … Wenn Eure Majestät Ihre und der Königin Spielverluste, Feste, Gastmähler und außerordentliche Banketts in Betracht ziehen, werden Sie finden, dass … alle Könige, Ihre Vorgänger, solche Ausgaben nicht gekannt haben und dass sie keineswegs notwendig sind … Auch zahlen Eure Majestät viele Pensionen und Geschenke, die für Ihren Ruhm nutzlos sind – wobei ich immerhin zugebe, dass Eure Majestät die Möglichkeit haben müssen, auch einmal ein Geschenk bloß zu Ihrem Vergnügen zu machen.

1 *Schreibt einen Brief an den König, in dem ihr auf die Lage der Bevölkerung (siehe S. 77, Q1) und seine Verschwendungssucht hinweist. Welche Forderungen würdet ihr stellen?*

Colbert und die neue Wirtschaftspolitik

Da der König nicht bereit war, seine Ausgaben einzuschränken, musste Colbert sich neue Einnahmequellen einfallen lassen. Er schlug folgendes Verfahren vor:

- Frankreich importiert billige Rohstoffe. Diese Rohstoffe werden von französischen Handwerkern zu Fertigwaren verarbeitet und anschließend ins Ausland teuer verkauft.
- Gefördert wurden von ihm vor allem die Manufakturen. Das waren handwerkliche Großbetriebe mit klarer Arbeitsteilung. Die Arbeit war in kleine Einzelschritte zerlegt, und jeder Arbeiter machte nur einen Handgriff. So konnten sie sich spezialisieren und schneller arbeiten.
- Um die Herstellungskosten möglichst gering zu halten, erlaubte er Waisenhäusern, die Kinder in Betrieben arbeiten zu lassen.

Weil Colbert fast nur an der Förderung der großen Betriebe interessiert war, wurde seine Wirtschaftspolitik später als Merkantilismus bezeichnet.

2 *Colbert schlägt dem König sein neues Wirtschaftssystem vor. Verfasst einen Antrag an den König, in dem ihr ihm von diesem neuen Plan berichtet. Nehmt Abbildung 1 zu Hilfe.*

Fortschrittliche Produktionsstätten: Manufakturen

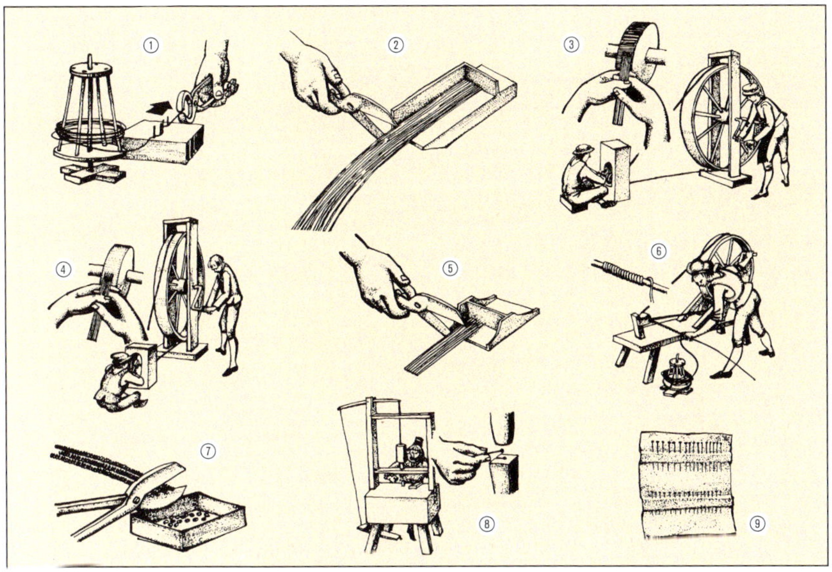

2 Wichtige Arbeiten in einer Stecknadelmanufaktur. Schaubild.

① Zurrichter
② Drahtschneider
③ Zuspitzer, Raddreher
④ Polierer, Raddreher
⑤ Schaftschneider
⑥ Knopfspinner
⑦ Knopfschneider
⑧ Stämperin
⑨ Nadelstecherin (Verpacken der Nadeln)

In einer Stecknadelmanufaktur

Ein fleißiger Arbeiter allein konnte am Tag etwa 20 Nadeln herstellen.

Über die Arbeit in einer Stecknadelmanufaktur heißt es in einem Bericht aus dem 18. Jahrhundert:

Q2 … Einer zieht den Draht, ein anderer richtet ihn ein, ein Dritter schrotet ihn ab, ein Vierter spitzt ihn zu, ein Fünfter schleift ihn am oberen Ende, damit der Kopf angesetzt wird … So wird das wenig wichtige Geschäft der Stecknadelfabrikation in ungefähr 18 verschiedene Verrichtungen verteilt … Ich habe eine kleine Fabrik dieser Art gesehen, wo nur zehn Menschen beschäftigt waren und manche daher zwei oder drei verschiedene Verrichtungen zu erfüllen hatten. Obgleich nun diese Menschen sehr arm und darum nur leidlich mit den nötigen Maschinen versehen waren, so konnten sie doch, wenn sie sich tüchtig daranhielten, zusammen zwölf Pfund Stecknadeln täglich liefern …

3 *Ein Pfund Stecknadeln enthielt über 4000 Nadeln mittlerer Größe. Rechnet aus, wie viele Nadeln jeder Mitarbeiter nach Q2 an einem Tag herstellen konnte.*

4 *Beschreibt mithilfe von Q2 die Arbeitsvorgänge auf der Abbildung 2. Erklärt die Vorteile dieser Arbeitsweise gegenüber einem herkömmlichen Handwerksbetrieb.*

… und der Erfolg?

Colbert hatte mit seiner Wirtschaftspolitik zunächst durchaus Erfolg. Die Staatseinnahmen konnten deutlich gesteigert werden.

Auf Dauer konnten aber auch die höheren Einnahmen die ständig steigenden Ausgaben nicht ausgleichen. Kostspielige Kriege verschlangen ebenso Unsummen an Geld wie das luxuriöse Leben des Königs. Fast ein Sechstel aller Staatsausgaben waren allein für die Hofhaltung in Versailles und weitere Königsschlösser bestimmt.

Verzweifelt schrieb Colbert den König:

Q3 … Was die Ausgaben betrifft, so flehe ich, obgleich mich dies nichts angeht, Eure Majestät an, mir zu erlauben, Ihr zu sagen, dass Ihr in Krieg und Frieden bei Ausgabebeschlüssen niemals den Zustand der Finanzen berücksichtigt habt …

Am Ende der Regierungszeit Ludwigs XIV. war Frankreich trotz aller Anstrengungen Colberts total verschuldet.

5 *Spielt folgende Situation: Ein Arbeiter in einer Manufaktur, ein Bauer und ein Adeliger am Hofe Ludwigs XIV. unterhalten sich über die Wirtschaftspolitik Colberts.*

***Jean-Baptiste Colbert** (1619–1683), Finanzminister Ludwigs XIV. und Vertreter des Merkantilismus.*

Werkstatt Geschichte: Das Merkantilismus-Spiel

Spielanleitung

Damit das Gedrängel in Frankreichs Wirtschaft nicht zu groß wird, sollte sich die Zahl der Mitspieler auf zwei bis vier beschränken.
Man braucht einen Würfel und Spielsteine (ihr könnt auch Knöpfe verwenden). Der Spieler mit der höchsten Augenzahl beginnt. Es wird immer nur einmal gewürfelt (auch bei 6). Es gibt kein Herauswürfeln.
Erreicht ein Spieler ein Zahlenfeld, wird das Ereignis vorgelesen und entsprechend der Anweisung gehandelt. Wer mit dem letzten Wurf als Erster das Zielfeld genau getroffen hat, gewinnt. Viel Spaß!

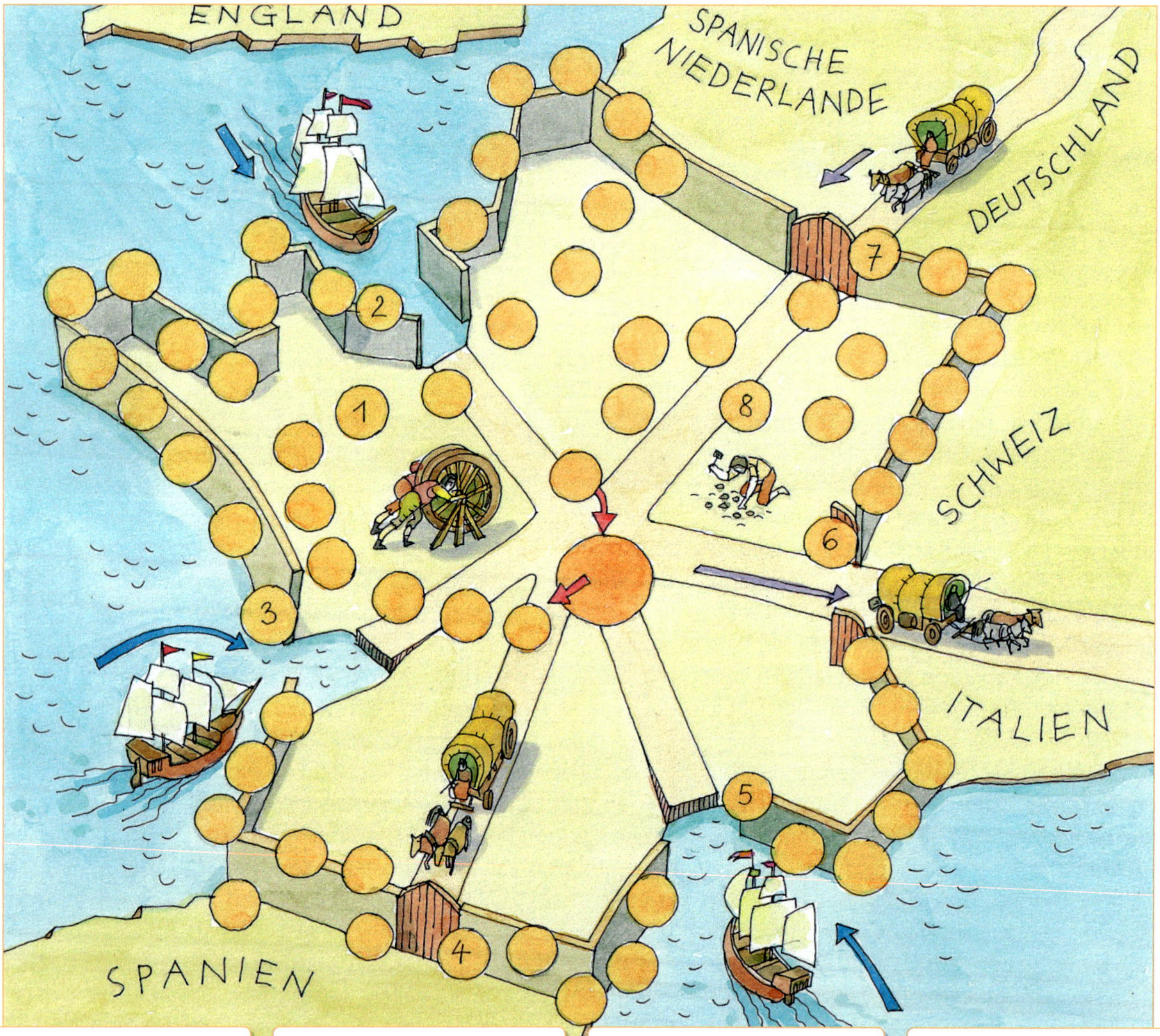

1 *Du kannst die Unterschiede zwischen einer Manufaktur und einem herkömmlichen Handwerksbetrieb erklären:* **Drei Felder vorrücken.**

2 *Ein Schiff führt fertige Möbel aus England ein. Wenn du nicht weißt, warum dies verboten ist –* **Strafe: einmal aussetzen.**

3 *Ein Schiff bringt Baumwolle: Du kannst erklären, ob dies erlaubt ist, und darfst* **noch einmal würfeln. Wenn nicht, einmal aussetzen.**

4 *Da will doch wirklich jemand Rohstoffe aus Frankreich ausführen. Das ist streng verboten! –* **Strafe: vier Felder zurück.**

5 *Ein Schiff muss kontrolliert werden. Du erläuterst, wonach die Zöllner suchen müssen. Das dauert Zeit:* **Eine Runde aussetzen.**

6 *Der Wagenlenker gibt sich als Händler aus. Warum möchte er Frankreich wirklich verlassen?* **Strafe: Von vorne beginnen.**

7 *Fertige Seidenstoffe einführen? Das hat der Finanzminister ausdrücklich verboten!* **Strafe: Zurück auf Feld 3.**

8 *Bauarbeiten auf den königlichen Straßen, und das so kurz vor dem Ziel.* **Leider eine Runde aussetzen.**

Zusammenfassung

„Der Staat – das bin ich!"
Ludwig XIV., der Sonnenkönig
Ludwig XIV. (1643–1715), König von Frankreich, übernahm im Alter von erst 18 Jahren die alleinige Herrschaft in Frankreich. Schon am ersten Tag seiner Herrschaft machte er seinen Beamten deutlich, dass ohne seinen Willen nichts mehr geschehen dürfe. Befehle könnten allein von ihm erteilt werden, alle anderen müssten seinen Befehlen unbedingt gehorchen. Auf diese Weise sorgte der König dafür, dass er die unumschränkte, also die absolute Gewalt ausüben konnte. Der König stützte seine Herrschaft dabei vor allem auf die ihm treu ergebenen Beamten und das stehende Heer.
Unter Ludwig XIV. wurde Frankreich zur stärksten Militärmacht in Europa. Äußeres Zeichen dieser Machtfülle und herausragenden Stellung des französischen Königs war das Schloss von Versailles. Schon durch seine Anlage wies es auf den König als den Mittelpunkt ganz Frankreichs hin.
Bau und Unterhalt des Schlosses sowie das aufwändige Leben des Königs und seiner Adligen erregten zwar überall an Europas Fürstenhöfen Bewunderung, verschlang aber auch ungeheure Summen. Bezahlt werden mussten außerdem die königlichen Beamten und das Militär. Die Bevölkerung, die deshalb zu immer höheren Steuern gezwungen wurde, verarmte innerhalb weniger Jahrzehnte immer mehr. Während so am Hofe des Königs tagein, tagaus die Menschen in einem unbeschreiblichen Luxus lebten, kamen in Frankreich zur gleichen Zeit viele Menschen ums Leben – aus Hunger.

Kunst des Barock
Überall in Europa entstanden nach dem Vorbild von Versailles prächtige Schlösser, die die Macht und den Reichtum ihrer Erbauer zeigen sollten. Den Baustil dieser Zeit bezeichnet man als Barock – wegen der verschnörkelten und überladenen Formen. Herausragende Beispiele für diesen neuen Baustil sind viele kleine und große Schlösser und Kirchen.
Im heutigen Sachsen-Anhalt entstand 1683 nach niederländischem Vorbild das barocke Schloss Oranienbaum.

1643–1715

Ludwig XIV., König von Frankreich.

1661–1689

Bau des Versailler Schlosses.

17./18. Jahrhundert

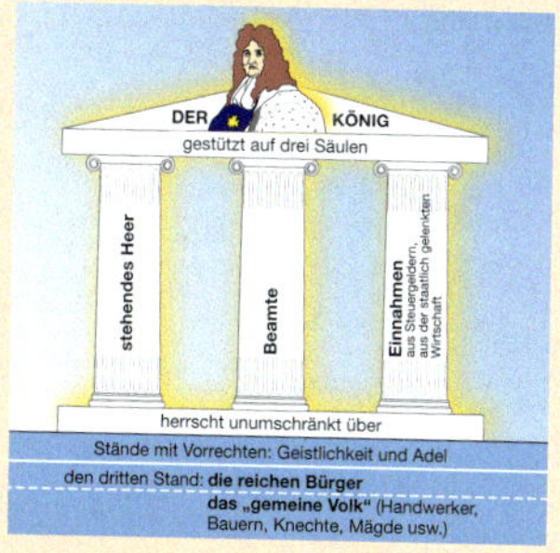

Absolutistisches Herrschaftssystem.

1600–1750

Schlösser, Klöster und Kirchen werden im barocken Stil gebaut.

Check: Das solltet ihr wissen

Arbeitsbegriffe

- ✓ Absolutismus
- ✓ Ludwig XIV.
- ✓ Versailles
- ✓ Beamte
- ✓ stehendes Heer
- ✓ Ständegesellschaft

Was wisst ihr noch?

1 Was bedeutet der angebliche Ausspruch Ludwigs XIV.: „Der Staat – das bin ich"?
2 Erklärt anschaulich die Bedeutung der Begriffe „Absolutismus" und „Gottesgnadentum".
3 Beschreibt die französische Ständegesellschaft unter Ludwig XIV.
4 Nennt die Stützen der absolutistischen Macht.
5 Erläutert die Bedeutung des stehenden Heeres für Frankreich.

Tipps zum Weiterlesen

Alexandre Dumas: Die drei Musketiere. Arena, Würzburg 2005.

Pierre Marchand: Kaiser, Könige und Zaren. Vom Sonnenkönig bis zu den ersten Siedlern in Amerika. Lexikon-Verlag, Gütersloh 1992.

Versailles - Verschwörung am Hof (Computerspiel, 2 CD-ROM). Ravensburger, Ravensburg 2001.

Check: Das solltet ihr können
Erklären – zuordnen – berichten – erkunden

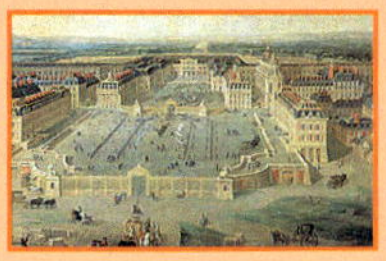

1 Der dritte Stand trägt die Lasten. Kolorierte Radierung, 1789.

2 Das Austernfrühstück. Gemälde von Jean-François Troy (1679–1752).

Absolutismus

Von 1643 bis 1715 regierte in Frankreich König ✎. Vom ersten Tag seiner Herrschaft an übte er die ✎ Gewalt aus. Der König stützte seine Herrschaft vor allem auf die ✎ und das ✎.
Sein Schloss ✎ und das Leben an seinem Hof waren geprägt von ✎ und ✎ und ließen den französischen Staat schnell verarmen. Die Bevölkerung musste trotz ihrer ✎ immer höhere ✎ bezahlen, um diesen Luxus des ✎ und der ✎ zu finanzieren.
Viele ✎ Herrscher bewunderten Ludwig XIV. und seinen prachtvollen Lebensstil. Sie bauten prächtige ✎ nach dem ✎ von Versailles. Den Baustil dieser Zeit nennt man ✎.

✎ = Versailles – Barock – Adels – Beamten – Ludwig XIV. – Verschwendungssucht – stehende Heer – Armut – Steuern – Residenzen – absolute – Luxus – europäische – Vorbild – Geistlichen

1 *Schreibt den Text in euer Heft ab und ergänzt dabei die Lücken.*
2 *Beschreibt genau das Geschehen auf den Abbildungen 1 und 2. Welcher Zusammenhang besteht zwischen diesen beiden Abbildungen?*

4. Aufgeklärter Absolutismus in Anhalt-Dessau

1700

ZEITALTER DER AUF-KLÄRUNG BEGINNT

1758–1817

LEOPOLD III. FRIEDRICH FRANZ, FÜRST UND HER-ZOG VON ANHALT-DESSAU

In Frankreich begann die Zeit des Absolutismus. Aus Frankreich kamen im 18. Jahrhundert aber auch die Gedanken der Aufklärung. „Alle Menschen sind von Natur aus frei und gleich.“, so hieß es jetzt. Diese Gedanken verbreiteten sich immer weiter in ganz Europa.

In Anhalt-Dessau war es Fürst Leopold III. Friedrich Franz (1740–1817), der das kleine Land durch seine Reformen an die Spitze der Aufklärung in Europa stellte: Meinungs- und Religionsfreiheit sowie Toleranz waren für ihn selbstverständlich. Alle Maßnahmen sollten dem Wohl der Bevölkerung dienen, die ihn respektvoll „Vater Franz“ nannte.

1774

GRÜNDUNG DES PHILANTHROPINUMS

1764–1813

ENTSTEHUNG DES DESSAU-WÖRLITZER GARTENREICHS

Das Zeitalter der Aufklärung

1 **Vortrag eines Gelehrten im Salon* der Madame Geoffrin in Paris.** Gemälde von G. Lemmonier, um 1745.

*Salon**:* *Als Salon bezeichnete man vom 17. bis 19. Jahrhundert Gesellschafts- bzw. Empfangszimmer, in denen sich Bürgerinnen und Bürger, Gelehrte und Künstler regelmäßig trafen.*

*Aufklärung**:* *Reformbewegung, die im 18. Jahrhundert in fast allen Lebensbereichen zu neuen Ideen und Denkweisen führte. In der Politik richteten sich die Aufklärer gegen die uneingeschränkte Macht des Königs. Die Aufklärer traten ein für Meinungsfreiheit, für Offenheit gegenüber anderen Meinungen und ein von Vernunft geprägtes Handeln.*

*Tyrann**:* *Gewaltherrscher.*

Der Mensch: Bürger oder Untertan?

Der Hofprediger Ludwigs XIV. hatte 1682 geschrieben:

Q1 … Die Menschen werden allesamt als Untertanen geboren. Der Fürst blickt von einem höheren Standpunkt aus. Man darf darauf vertrauen, dass er weiter sieht als wir. Deshalb muss man ihm ohne Murren gehorchen. Derjenige, der dem Fürsten den Gehorsam verweigert, wird als Feind der menschlichen Gesellschaft zum Tode verurteilt. …

War diese Auffassung wirklich richtig? Wurden alle Menschen als Untertanen geboren? Waren sie nur dazu da, um einem König zu dienen und zu gehorchen? Je mehr sich der Absolutismus in Frankreich und Europa durchsetzte, desto lauter wurde die Kritik an dieser Herrschaftsform. Es waren vor allem französische Dichter, Philosophen und Schriftsteller, die sich zu Beginn des 18. Jahrhunderts hiergegen zur Wehr setzten. Das Zeitalter der Aufklärung* begann.

So schrieb der französische Philosoph Denis Diderot (1713–1784):

Q2 … Kein Mensch hat von der Natur das Recht erhalten, über andere zu herrschen. Die Freiheit ist ein Geschenk des Himmels und jedes Mitglied des Menschengeschlechtes hat das Recht, sie zu genießen, sobald es Vernunft besitzt. …

„Alle Menschen", so betonten auch andere aufgeklärte Gelehrte, „sind von Natur aus frei und gleich."

1 *Vergleicht die Äußerung des Hofpredigers (Q1) mit der Auffassung Diderots (Q2).*

2 *Lest noch einmal Q2 und erläutert, welche Folgen sich aus der Denkweise Diderots für das absolutistische Regierungssystem ableiten lässt.*

Gewaltenteilung statt Alleinherrschaft

Die Freiheit des Menschen ist immer dann bedroht, wenn zu viel Macht in der Hand eines Einzelnen vereint ist.

Der Philosoph Charles de Montesquieu (1689 bis 1755) schlug deshalb vor, die Macht im Staat aufzuteilen:

Q3 … In jedem Staat gibt es drei Arten von Gewalten: die gesetzgebende, die ausführende und die richterliche Gewalt.

Um den Missbrauch der Gewalt unmöglich zu machen, müssen die Dinge so geordnet sein, dass die eine Gewalt die andere im Zaum hält.

Wenn die gesetzgebende Gewalt mit der ausführenden in einer Person vereinigt ist, dann gibt es keine Freiheit. Man muss dann nämlich befürchten, dass ein Herrscher tyrannische Gesetze gibt, um sie als Tyrann* auch auszuführen.

Es gibt keine Freiheit, wenn die richterliche Gewalt nicht von der gesetzgebenden und

Gewaltenteilung

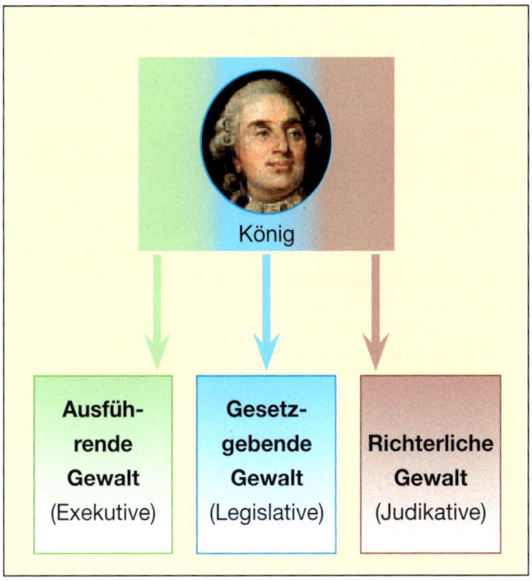

2 **Die Staatsordnung des Absolutismus.** Schaubild.

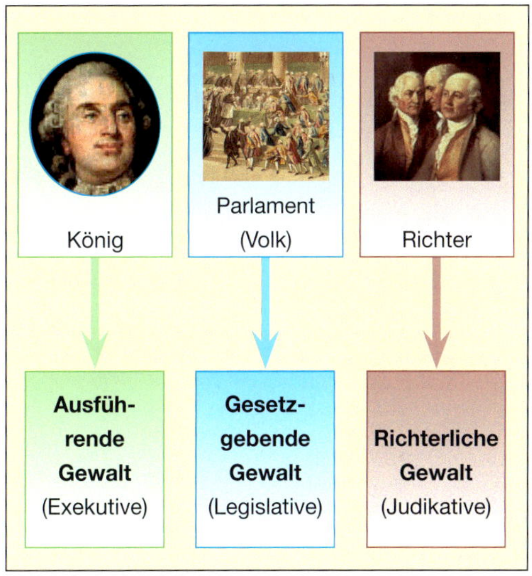

3 **Die Staatsordnung nach Montesquieu.** Schaubild.

von der ausführenden Gewalt getrennt ist: Wenn die richterliche Gewalt mit der gesetzgebenden vereinigt wäre, so würde die Gewalt über Leben und Freiheit der Bürger willkürlich sein; denn der Richter wäre zugleich Gesetzgeber.
Wäre die richterliche Gewalt mit der ausführenden Gewalt verbunden, dann könnte der Richter die Macht eines Unterdrückers besitzen. …

3 *Beschreibt in euren eigenen Worten die Bedeutung von gesetzgebender, richterlicher und ausführender Gewalt.*
4 *Erklärt, worin Montesquieu in Q3 Gefahren des Missbrauchs dieser Gewalten sieht.*
5 *Untersucht die Grafiken 2 und 3.*
Erläutert, wie die Macht jeweils verteilt ist.

Beweise statt Glauben

Die Aufklärer stellten die Macht des Königtums ebenso infrage wie den Anspruch der Kirche, Entwicklungen im Bereich der Wissenschaft oder im Erziehungswesen bestimmen zu können. Nicht der Glaube und ungeprüfte Überzeugungen, sondern die Vernunft und der Beweis sollten die Grundlage aller Erkenntnisse sein.
Der deutsche Philosoph Immanuel Kant beschrieb Aufklärung folgendermaßen:

Q4 … Aufklärung ist der Ausgang des Menschen aus seiner selbst verschuldeten Unmündigkeit. Selbst verschuldet ist diese Unmündigkeit, wenn die Ursache derselben nicht am Mangel des Verstandes, sondern am Mangel des Mutes liegt … Habe den Mut, dich deines Verstandes zu bedienen. …

6 *Stellt Vermutungen darüber an, was Kant mit „Mangel an Mut" gemeint haben könnte.*

Bildung und Erziehung

Die neuen Ideen der Aufklärung fanden schnell Anklang. In Frankreich, vor allem in Paris, trafen sich wohlhabende Bürger und Bürgerinnen in Salons und hörten dort Vorträge von Gelehrten. Zugleich entstanden zahlreiche Akademien, an denen Wissenschaftler gemeinsam forschten und experimentierten. Die Ergebnisse der Forschung wurden in Enzyklopädien* zusammengefasst, um sie allen Menschen zugänglich zu machen. Die Aufklärer wollten die Menschen durch Bildung und Erziehung dazu anleiten, die Vernunft richtig zu gebrauchen. Sie waren auch überzeugt, dass jeder Mensch das Recht auf Bildung habe, und forderten daher die Einführung der Schulpflicht.
7 *Schreibt auf, warum die Aufklärer Bildung und Erziehung als sehr wichtig ansahen.*

Immanuel Kant *(1724–1804), deutscher Philosoph der Aufklärung.*

Enzyklopädie*: *Ein Nachschlagewerk, das französische Gelehrte im 18. Jahrhundert herausgaben. Das gesammelte Wissen der Menschheit sollte hier umfassend dargestellt werden. Viele führende Wissenschaftler arbeiteten an der Enzyklopädie mit, die zu einem Standardwerk der Aufklärung wurde.*

Anhalt-Dessau – ein Musterstaat der Aufklärung

1 **Das Denkmal des Fürsten Leopold III. Friedrich Franz in Dessau.**

2 **Die Bibliothek des Fürsten Leopold III. Friedrich Franz im Wörlitzer Schloss.** In dieser Zeit sammelten viele Fürsten Bücher und brachten so zum Ausdruck, dass sie dem Bildungsideal der Aufklärung zustimmten.

Leopold III. Friedrich Franz, Fürst und Herzog von Anhalt-Dessau* *(1758–1817).*

„Aufklärung". *Kolorierte Radierung von Daniel Chodowiecki, 1791.*

Fürst Leopold III. Friedrich Franz – ein Fürst mit neuen Ideen

Es war das Jahr 1758, als Prinz Leopold III. Friedrich Franz* im Alter von nur 18 Jahren regierender Fürst von Anhalt-Dessau wurde. Sein Fürstentum war klein – etwa 700 km² groß, und es lebten in ihm nur 30 000 Menschen. Seine Vorfahren hatten wie absolutistische Herrscher das Land regiert Es wäre für den jungen Fürsten das Einfachste gewesen, alles beim Alten zu belassen. Doch auf seinen vielen Reisen, die ihn in die Niederlande, nach Frankreich, Italien und mehrmals nach England geführt hatten, hatte er ganz andere Lebensweisen kennengelernt.

In einer heutigen Darstellung heißt es:

M1 ... In England nämlich hatte ein neues und beeindruckendes Zeitalter begonnen: die Aufklärung. Bereits im 17. Jahrhundert wehrten sich viele Engländer gegen staatliche und kirchliche Bevormundung. Schließlich erhielten alle Bürger die gleichen Rechte: die Gleichheit des einzelnen vor dem Gesetz, die Religionsfreiheit, die Freiheit eine eigene Meinung zu haben und das Recht, Eigentum zu besitzen.

Das englische Wort „Enlightenment" erklärt die Aufklärung als das „Zeitalter des Lichts". Im 18. Jahrhundert wurde das Licht mit Freiheit und Vernunft gleich gestellt. Kurz gesagt, im Mittelpunkt der Aufklärung stand der Mensch und sein Verstand.

Nicht alle, aber doch einige Ideen der Aufklärung setzte Fürst Franz in seinem Land in die Tat um. So gründete er 1774 eine neue Schule, in der die Ideen der Aufklärung eine wichtige Rolle spielten. Vieles davon wurde später in ganz Deutschland nachgeahmt.

Weil damals große Not herrschte, richtete Fürst Leopold III. Friedrich Franz in Dessau außerdem ein „Armen- und Arbeitshaus" ein, wo arme und kranke Leute auf Kosten des Fürsten lebten und Arbeit fanden. Auch gegenüber Juden war seine Politik vergleichsweise tolerant ...

Ein wichtiges Anliegen von Fürst Franz war darüber hinaus die moderne Landwirtschaft. Um die Erträge zu steigern, wurden die fürstlichen Felder nach den fortschrittlichen englischen Methoden bestellt. An den Alleen pflanzte man viele Obstbäume, die dem Nutzen und der Verschönerung des Landes dienten.

1 *Erklärt mit Hilfe dieses Textes, wie in Anhalt-Dessau der aufgeklärte Absolutismus begann.*

Eine „Schule der Menschenfreundschaft"

3 **Unterricht im Naturalien-Kabinett.** Kupferstich von Daniel Chodowiecki, 1774.

Das Philanthropinum in Dessau

Für die Verbreitung der Ideen der Aufklärung sollten – so wünschte es Fürst Leopold III. Friedrich Franz – vor allem die Schulen sorgen. Doch hierfür geeignete Schulen gab es kaum in seinem Land. Für Mädchen gab es in Dessau nur eine Schule, die von einem alten Leinenwebermeister geführt wurde. Nicht besser stand es um die Jungen-Schulen, an denen in der Regel abgedankte Soldaten, arbeitsunfähige Handwerker oder Beamte im Ruhestand unterrichteten. Leopold III. Friedrich Franz wollte diese Situation grundlegend ändern:

Als erstes gründete in seinem Auftrag der Pädagoge Johann Bernhard Basedow 1774 in Dessau das Philanthropinum – die Schule der Menschenfreundschaft. Ziel dieser Schule war es, die Schüler auf ihr zukünftiges Leben vorzubereiten. Gelehrt werden sollte nur „nützliches Wissen", das später auch wirklich gebraucht wurde. Auf dem Lehrplan standen daher moderne Fremdsprachen und die Naturwissenschaften, aber auch Sport und handwerkliche Arbeiten spielten im Unterricht eine wichtige Rolle.

Völlig neu war auch die Unterrichtsmethode. Die Schüler sollten ihren Unterrichtsstoff nicht mehr wie bisher stur auswendig pauken, vielmehr sollte das Lernen Freude bereiten und möglichst spielerisch erfolgen.

Große Bildtafeln (Abbildung 1) – auch das etwas völlig Neues – sollten den Schülern helfen, sich selbständig Wissen anzueignen. Besucht wurde die Schule von Kindern einfacher Eltern ebenso wie von Adeligen. In der Schule trugen aber alle die gleiche schlichte Kleidung und eine Kurzhaarfrisur.

Das Philantropinum sorgte in ganz Europa für große Aufregung. Von überall her kamen Lehrer und Eltern, um diese Schule kennenzulernen.

Fürst Leopold III. Friedrich Franz selber meinte dazu:

Q1 ... Ich bin nämlich der Meinung, das bei diesem [einem Menschen] kein Zwang angewendet werden sollte, wenn man ihn nicht um seine Freiheit bringen und seine wahre Würde verletzen will. Er muss sich selbst zu dem machen, was er sein und werden soll und dazu muss man ihm behilflich sein.

Durch die Gründung weiterer Schulen – auch für Mädchen – und eines Lehrerseminars schuf der Fürst die Voraussetzungen für eine Schulreform, die für das ganze Deutsche Reich vorbildlich wurde.

2 *Erläutert in eigenen Worten Q1 und erklärt, welche Aufgabe eine Schule nach Ansicht des Fürsten Leopolds III. Franz hat.*

3 *Überlegt, warum die Schaffung des Philanthropinums ein Werk im Sinne der Aufklärung war. Nehmt auch S. 86/87 zu Hilfe.*

Johann Bernhard Basedow *(1724–1790), setzte sich für eine Erziehung der Kinder in Sinne der Aufklärung ein. In seiner Schule, dem Philanthropinum in Dessau, wollte er seine Vorstellungen verwirklichen.*

1774:
Gründung des Philanthropinums in Dessau.

Der Wörlitzer Park

1 **Das Schloss Luisium im Wörlitzer Park.** Fürst Leopold III. Friedrich Franz schenkte es 1780 seiner Frau Luise.

2 **Das Gotische Haus.**

1764–1813
Entstehung des Dessau-Wörlitzer Gartenreichs.

Eine Traumlandschaft für die Bürger – Das Dessau-Wörlitzer Gartenreich

Q1 … Hier ist es jetzt unendlich schön, wie wir durch die Seen, Kanäle und Wäldchen schlichen; sehr gerührt, wie die Götter dem Fürsten erlaubt haben, einen Traum herum um sich zu schaffen. Es ist, wenn man so durchzieht, wie ein Märchen, das einem vorgetragen wird …

Dieses Lob des größten deutschen Dichters Johann Wolfgang von Goethe galt dem Gartenreich Dessau-Wörlitz des Fürsten Leopold III. Friedrich Franz. Dieses Gartenreich mit sechs Schlössern, acht Parkanlagen und über einhundert Gebäuden bedeckte ursprünglich fast die gesamte Fläche seines kleinen Fürstentums. Unter der Überschrift „Anschauliche Aufklärung" heißt es in einer heutigen Darstellung:

M1 … Fürst Franz wollte nicht nur einfach die Landschaft verschönern. Es ging ihm vielmehr darum, das „Schöne mit dem Nützlichen" zu verbinden. Und damit vollzog er einen Bruch mit der vorangegangenen Epoche. Dienten Bauwerke in Barockgärten nur als Kulissen, die das Auge erfreuen sollten, wurden die Bauernhöfe in seinen Landschaftsgärten tatsächlich genutzt. Dort führte man den Besuchern moderne Agrarmethoden vor. Überall im Gartenreich kam der unstillbare Drang der Aufklärung nach technischen Neuheiten zum Ausdruck. Rund 50 Brücken, die im gesamten Gebiet erbaut wurden, illustrieren den Fortschritt der Brückenbautechnik. Anhand neuer Pumpen und Wasserleitungen wurde dargestellt, wie sich Kulturen bequemer und wirkungsvoller bewässern ließen … Damit die volkspädagogischen Absichten umgesetzt werden konnten, hatte man auf Mauern und Zäune verzichtet. Bis heute ist das Gartenreich von allen Seiten frei zugänglich … Wie eindrucksvoll die aufklärerische Grundhaltung in den Gartenbildern ihren Niederschlag gefunden hat, lässt sich beim Blick auf Synagoge und Kirche nachvollziehen, … die gleichberechtigt nebeneinander zu stehen scheinen … Eindrucksvoller hätte man das Toleranzdenken der Aufklärungszeit kaum in ein Gartenbild übertragen können.

Das Wörlitzer Gartenreich gehört heute zum Weltkulturerbe der UNESCO.

1 *Versucht, den Text in Sinnabschnitte zu gliedern. Überlegt euch für die jeweiligen Abschnitte eine geeignete Überschrift. Berücksichtigt bei der Untersuchung dieses Textes auch die Hinweise auf S. 133.*

2 *Fasst jetzt den Text unter der Überschrift: „Anschauliche Aufklärung" zusammen.*

3 *Erstellt eine Wandzeitung (siehe Methode S. 135) zum Thema „Anschauliche Aufklärung im Wörlitzer Park". Zieht die Texte und Bilder dieser Doppelseite heran und recherchiert eigenständig in Büchern und im Internet.*

Lesetipp:
Katharina Bechler: Eine Reise durch den Wörlitzer Park. Nicolaische Verlagsbuchhandlung, Berlin 2003.

Der Wörlitzer Park

3 Blick auf die frühere Synagoge und den Turm der Stadtkirche St. Petri.

4 Der Wolfskanal und im Hintergrund der Tempel der Venus.

5 Die Weiße Brücke.

Internettipp:
Einen virtuellen Rundgang durch den Wörlitzer Garten könnt ihr unter dieser Adresse unternehmen:
www.dessau-woerlitzer-gartenreich.de/woerlitz/woerlitz.html

Eine Biografie: Dorothea Christiana Erxleben

1 Dorothea Christiana Erxleben (1715–1762).

2 Gedenktafel am Geburtshaus in Quedlinburg, Steinweg 51.

Briefmarke der Deutschen Post von 1988.

Anklage wegen Kurpfuscherei

Am 5. Februar 1753 klagten drei Ärzte in Quedlinburg eine junge Frau wegen „Kurpfuscherei" an. Sie habe – so behaupteten sie – Patienten behandelt, ohne dazu die Erlaubnis zu besitzen. Eine Patientin sei dabei gestorben. Diesem gefährlichen Unfug müsse sofort ein Ende gesetzt werden.

Die junge Frau war Dorothea Christiana Erxleben, geboren 1715 in Quedlinburg. Viele Menschen in der Stadt kannten sie, denn ihr Vater war viele Jahre als Arzt hier tätig gewesen.

Dorothea hatte schon als kleines Mädchen großes Interesse für die Naturwissenschaften gezeigt. Außerdem hörte sie aufmerksam zu, als der Vater ihren ältesten Bruder Christian auf das Medizinstudium vorbereitete. Sie begleitete ihren Vater bei den Krankenbesuchen und half ihm auch in der Praxis. Ihre außergewöhnlich guten Kenntnisse sprachen sich schnell herum. Viele Patienten wollten sich gerne von ihr behandeln lassen. Dorothea wollte wie ihr Bruder in Halle Medizin studieren, doch sie durfte nicht studieren – weil sie eine Frau war. Um die Vorurteile zu widerlegen, schrieb sie im Alter von 23 Jahren einen Aufsatz: „Gründliche Untersuchung der Ursachen, die das Weibliche Geschlecht vom Studieren abhalten."

Die erste Ärztin Deutschlands

Zwei Jahre später, im Jahre 1740, bat sie den preußischen König Friedrich II. (1712–1786) um Erlaubnis, ein Medizinstudium in Halle zu beginnen. Der König erfüllte ihr diese Bitte. Dorothea blieb aber in Quedlinburg, weil sie den verwitweten Pfarrer Erxleben heiratete. Aus seiner ersten Ehe hatte der Pfarrer bereits fünf Kinder. Vier weitere Kinder kamen in den folgenden Jahren hinzu. Der Haushalt und die Arbeit in der Praxis ihres Vaters ließen Dorothea keine Zeit zum Studieren.

Als der Vater starb, behandelte sie seine Patienten auch weiterhin – bis es zur Anklage durch die drei Ärzte kam. Eine weitere ärztliche Tätigkeit wurde ihr jetzt verboten bis sie ein Medizinstudium erfolgreich abgeschlossen hätte. Im Jahre 1754 bestand sie die Prüfung.

Der Vorsitzende der Prüfungskommission lobte sie:

Q1 … Unsere verehrte Doktorandin hat zwei volle Stunden hindurch die an sie gerichteten Fragen mit bewunderungswürdiger Bescheidenheit, aber vor allem … gründlich und deutlich beantwortet und eingeworfene Zweifel mit größter Überzeugungskraft ausgeräumt.

Damit hatte sie als erste Frau Deutschlands die Erlaubnis erworben, als Ärztin tätig sein zu dürfen.

Sie starb, erst 46 Jahre alt, 1762 an einer Infektion.

1 *Besprecht, welche Informationen ihr diesem Lebenslauf entnehmen könnt. Worüber möchtet ihr gerne mehr erfahren?*

2 *Besorgt euch weitere Informationen zum Leben dieser Ärztin mithilfe des Internets.*

3 *Stellt einen Zusammenhang zwischen dem Lebenslauf Dorothea Christiana Erxlebens und dem Thema „Aufklärung" her.*

Methode: Biografien erstellen

Was ist eine Biografie?

Auf der vorhergehenden Seite steht eine kurze Biografie einer bedeutenden Frau aus der Zeit der Aufklärung.

Unter einer Biografie versteht man die Beschreibung der Lebensgeschichte eines Menschen mit allen wichtigen Daten und Ereignissen. Zu den auf dieser Seite abgebildeten Personen könnt ihr nun selber eine kurze Biografie verfassen.

Informationsbeschaffung

Auf dieser Seite sind verschiedene Personen abgebildet, die im Zeitalter der Aufklärung lebten und für Sachsen-Anhalt eine wichtige Rolle spielten:

- Fürst Leopold III. Friedrich Franz
- der Pädagoge Johann Bernhard Basedow (siehe S. 89)
- der jüdische Gelehrte Moses Mendelssohn (siehe S. 94)
- der Baumeister Friedrich Wilhelm von Erdmannsdorff, ein Freund des Fürsten
- der Dichter Johann Wilhelm Ludwig Gleim

Ihr könnt so vorgehen:

1. Schritt:
Entscheidet euch für eine der dargestellten Personen und bildet dann Arbeitsgruppen.

2. Schritt:
Sammelt Informationen über diese Person im Internet mit Hilfe von Suchmaschinen (z. B. google) oder Nachschlagewerken in eurer Schulbibliothek oder in der Stadtbücherei.

1 Fürst Leopold III. Friedrich Franz von Anhalt-Dessau.

2 Johann Bernhard Basedow (1724–1790).

3 Moses Mendelssohn (1729–1786).

4 Friedrich Wilhelm von Erdmannsdorff (1736–1800).

3. Schritt:
Verfasst gemeinsam eine kurze Biografie mit allen wichtigen Ereignissen im Leben dieses Menschen (siehe S. 92).

4. Schritt:
Erstellt eine Wandzeitung (siehe Methode S. 135) mit den wichtigsten Daten und möglichst auch mit Bildern zu der von euch ausgewählten Person.

5 Johann Wilhelm Ludwig Gleim (1719–1803).

Zum Weiterlesen: Der kleine Mausche aus Dessau

Moses Mendelssohn wurde im Jahre 1729 als Sohn einer armen jüdischen Familie in Dessau geboren. Er war – wie man schon bald feststellen konnte – ein hochbegabtes Kind. Später zählte er zu den bedeutendsten Gelehrten seiner Zeit, doch der Weg dahin war weit:

An einem Oktobertag des Jahres 1743 folgt ein schmächtiger, schwarz gekleideter Junge seinem Schatten auf dem Weg durch Roßlau. ... Der Junge humpelt. Sein Schatten humpelt mit.
Der Junge hat einen Buckel und trägt ein Bündel über dem Rücken. Für ihn ist nicht Oktober und nicht das Jahr 1743 – er lebt in einer anderen Zeit, im Monat Tischri des Jahres 5504, und könnte genauso gut von einem anderen Stern kommen, so anders sind die Gesetze, denen er gehorcht, das Essen, das er zu sich nimmt, die Sprache, in der er sich mitteilt. So fremd ist er den Bewohnern des Städtchens, durch das er seinem langem Schatten hinterherhumpelt. Er hält den Blick gesenkt auf seine Füße, die das welke braune Laub aufwirbeln. Plötzlich wird das Rascheln übertönt, von Kinderstimmen, die „Judas!" rufen.
„Judd Judas!"
Er sieht sich nicht um, geht aber schneller. Vor Kindern hat er Angst, seitdem er denken kann.
„Judd Judas!"
Es werden mehr Stimmen. Er ist allein auf der sonnendurchfluteten Straße mit seinem Schatten vor und den johlenden Kindern hinter sich. Der erste Stein fliegt. Er hört den Aufprall, umklammert das Bündel mit seinem kostbarsten Besitz, dem Buch. Mehr Steine, mehr Kinder. Sie kommen aus den Höfen gerannt, bücken sich im Laufen nach Steinen. Er hat den Ort fast hinter sich, als ein Stein trifft. Ihm bleibt die Luft weg. Er geht trotzdem weiter, obwohl die Angst ihm in die Beine gefahren ist und er laufen will, rennen, so schnell er kann. ...
Ein Junge rast heran, ein hoch aufgeschossener, hinkender, „Saubande!" brüllender Kerl.
„Uffhere"! Uff der Stell uffhere!"
Die Kleinen laufen weg, auf bloßen Füße, in schmutzigen Kitteln. ...
Der Große legt ihm die Hand auf die Schulter.
„Schon gut. Wie heißt du?" ...
„Mausche", sagt er, „Mausche mi Dessau." Die Hand auf seiner Schulter beruhigt ihn. „Und du?"
„Hannes" antwortet der Große und fügt hinzu: „Aus Wissbade."
Von Anfang an ist diese Verständigung zwischen ihnen da: Hannes kann nur Hessisch, Mausche nur Judendeutsch und Hebräisch; dennoch gelingt es ihnen, sich zu verständigen. Manchmal gibt es Missverständnisse, aber meistens verstehen sie einander irgendwie, erraten, erfühlen, was der andere sagen will. Und Mausche lernt schnell. Um zu lernen ist er aufgebrochen. Er will nach Berlin, bei seinem geliebten Lehrer David Fränkel weiterlernen, nicht um reich zu werden oder berühmt. Lernen will er, verstehen.
„Aus Dessau bisdu und wohin wills du?"
„Berlin."
„Ich auch. Dann gehn mer doch en Stückele zusamme."
Mausche nickt ... Ihm ist etwas nie Dagewesenes geschehen: Ein Nauzri, ein Christ ist für ihn eingetreten. Er lässt sein Bündel in den Schoß sinken. Die Wand zwischen ihm und ihnen bekommt einen haarfeinen Riss ...
Hannes betrachtet das mit Federkiel und Tinte beschriebenen Krikelkrakel auf der letzten Seite, die in diesem seltsamen Buch den Anfang macht ...
Mausche hat schon gehört, dass es Nauzrim gibt, die weder lesen noch schreiben können, aber er hat es nicht glauben wollen, und auch jetzt kann er sich ein Leben ohne Bücher nicht vorstellen. Seine Welt ist die der Bücher – wenn er liest, vergisst er alles, Hunger und Armut, den Buckel und die ewige Angst ...

Wollt ihr mehr über den „kleinen Mausche" und sein Leben erfahren, so lest das Buch von Katja Behrens, Der kleine Mausche aus Dessau. Moses Mendelssohns Reise nach Berlin im Jahre 1743.

Zusammenfassung

Aufgeklärter Absolutismus

Dichter, Philosophen und Schriftsteller betonten zu Beginn des 18. Jahrhunderts immer öfter, dass „von Natur aus alle Menschen frei und gleich sind." Um diese Freiheit und Gleichheit zu schützen, setzten sie sich für die Gewaltenteilung im Staat ein. Die Macht im Staat sollte aufgeteilt werden in die ausführende, gesetzgebende und richterliche Gewalt. Damit sollte verhindert werden, dass ein Einzelner zu viel Macht besäße, die er dann auch missbrauchen könnte. Damit begann das Zeitalter der Aufklärung. Aufklärer wie der deutsche Philosoph Immanuel Kant stellten dabei auch die absolute Macht des Königtums in Frage.

Aufgeklärter Absolutismus in Anhalt-Dessau

Zu den Fürsten, die sich für diese neuen Ideen des aufgeklärten Absolutismus begeisterten, gehörte auch Fürst Leopold III. Friedrich Franz von Anhalt-Dessau (1740–1817). Seine Vorfahren hatten über das kleine Land wie absolute Herrscher regiert. Auf seinen vielen Reisen durch mehrere europäische Länder hatte Leopold aber erfahren, dass sich die Bürger gegen diese absolute Herrschaft gewehrt und erreicht hatten, dass alle Bürger vor dem Gesetz gleich waren.

Den Fürsten überzeugten diese Reformen, die er zum großen Teil jetzt auch in seinem Land einführte: Meinungs- und Religionsfreiheit waren für ihn selbstverständlich und ebenso die Toleranz gegenüber Andersdenkenden.

Maßnahmen des Fürsten Leopolds III. Friedrich Franz

Um die Ideen der Aufklärung zu verbreiten, ließ er In Dessau die „Schule der Menschenfreundschaft" durch den Pädagogen Johann Bernhard Basedow (1724–1790) gründen. Hier sollten die Schüler auf ihr künftiges Leben vorbereitet werden. Gelehrt werden sollte nur, was sie später vermutlich auch wirklich brauchen würden. In kurzer Zeit wurde diese Schule so bekannt, dass von überall her Eltern und Lehrer kamen, um sie kennenzulernen. Die Gründung weiterer Schulen – auch für Mädchen – und eines Lehrerseminars führten zu einer Schulreform, die im ganzen Deutschen Reich als Vorbild angesehen wurde.

Aufsehen erregte auch das von ihm angelegte „Wörlitzer Gartenreich", das nicht nur dem Fürsten dienen sollte, sondern allen Bürgern offen stand.

18. Jahrhundert

Die Gedanken der Aufklärung verbreiten sich in Europa.

1758–1817

Herrschaft des Fürsten Leopolds III. Friedrich Franz.

1774

Gründung des Philanthropinums in Dessau.

1764–1813

Entstehung des Dessau-Wörlitzer Gartenreichs.

Check: Das solltet ihr wissen

Arbeitsbegriffe

- ✓ Aufklärung
- ✓ Gewaltenteilung
- ✓ Toleranz
- ✓ Gewaltenteilung
- ✓ Philantropinum
- ✓ Dessau-Wörlitzer Gartenreich
- ✓ Weltkulturerbe

Was wisst ihr noch?

1 Gewaltenteilung statt Alleinherrschaft. – Wie lautete die Kritik der Aufklärer am Absolutismus?

2 Warum wurde Fürst Leopold III. Friedrich Franz von der Bevölkerung als „Vater Franz" bezeichnet?

3 Wodurch unterscheidet sich das Wörlitzer Gartenreich von den Barockgärten im Absolutismus?

4 Was bedeutet der Satz von Fürst Leopold III. Friedrich Franz: „Der Mensch muss sich selbst zu dem machen, was er sein und werden soll, und dazu muss man ihm behilflich sein"?

Tipps zum Weiterlesen

Katharina Bechler: Eine Reise durch den Wörlitzer Park. Nicolaische Verlagsbuchhandlung, Berlin 2003.

Emmy Kraetke-Rumpf: Die Ärztin aus Quedlinburg. – Das Leben der Dorothea Christiana von Erxleben. Koehlers Verlagsgesellschaft, Herford 6. Aufl. 2008.

Katja Behrens: Der kleine Mausche aus Dessau. – Moses Mendelssohn Reise nach Berlin im Jahre 1743. Hanser, München 2009.

Check: Das solltet ihr können
Erklären – zuordnen – berichten – erkunden

Aufklärung und aufgeklärter Absolutismus in Anhalt-Dessau

Gegen die ✏ Herrschaft der Könige wandten sich im 18. Jahrhundert viele Gelehrte. Man spricht vom Zeitalter der ✏. Der Philosoph Montesquieu forderte die ✏. Zu den wichtigsten Aufklärern zählte auch der deutsche Philosoph ✏ „Habe den Mut, dich deines ✏ zu bedienen", forderte er die Menschen auf.

In Anhalt-Dessau war es Fürst ✏ (1740–1817), der das kleine Land durch seine ✏ bekannt in ganz Europa bekannt machte. Von der Bevölkerung wurde er „✏" genannt. In seinem Auftrag gründete der Pädagoge ✏ eine Schule der Menschenfreundschaft, das ✏. Berühmt bis auf den heutigen Tag ist das in seinem Auftrag angelegte ✏, das von dem größten deutschen Dichter ✏ als „ein Traum" bezeichnet wurde.

Zu Beginn seiner Regierungszeit lebte in Dessau Dorothea Christiana Erxleben, die erste ✏ Deutschlands.

✏ = Dessau-Wörlitzer Gartenreich – Johann Wolfgang von Goethe – Ärztin – absolute – Immanuel Kant – Aufklärung – Verstandes – Vater Franz – Reformen – Johann Bernhard Basedow – Philantropinum – Gewaltenteilung – Leopold III. Friedrich Franz

1 *Schreibt den Text in euer Heft ab und ergänzt dabei die Lücken.*

5. Die Französische Revolution

1789 – STURM AUF DIE BASTILLE

1791 – 1. VERFASSUNG

1793 – KÖNIG LUDWIG XVI. WIRD HINGERICHTET

Am 14. Juli 1789 zogen rund 20000 bewaffnete Männer und Frauen durch Paris. Sie forderten „Freiheit, Gleichheit, Brüderlichkeit“ und stürmten schließlich das verhasste Staatsgefängnis, die Bastille. Dies war der Anfang vom Ende der tausendjährigen Königsherrschaft. Bis heute wird der 14. Juli in Frankreich als Geburtsstunde der Demokratie und der Menschen- und Bürgerrechte gefeiert.
Doch folgten diesem Ereignis auch chaotische Jahre, die schließlich ein starker Mann aus Korsika beendete – Napoleon Bonaparte. Er riss die Macht an sich, krönte sich zum Kaiser der Franzosen und beherrschte bald ganz Europa …

1804 – KAISERKRÖNUNG NAPOLEONS

1806 – ENDE DES HEILIGEN RÖMISCHEN REICHES DEUTSCHER NATION

1815 – SCHLACHT BEI WATERLOO

Die Krise des Absolutismus

1 **Ein hoher Würdenträger huldigt dem französischen König Ludwig XVI.** Gemälde von Gabriel François Doyen, etwa 1774.

Lebenshaltungskosten in Frankreich 1789:

Es kosteten:
ein Vier-Pfund-Brot 14,5 Sous
0,5 Liter Wein 5,0 Sous
Miete täglich 3,0 Sous
250 g Fleisch 5,0 Sous
Tageslohn eines Bauarbeiters 1789: 18 Sous

Verschwendung am Hof

Im Jahr 1774 wurde Ludwig XVI. König von Frankreich. Bedingt durch die Verschwendungssucht seiner Vorgänger übernahm er einen völlig verschuldeten Staat. Ganz Frankreich erhoffte sich von ihm eine Wende zum Guten: Würde der neue König die Staatsschulden tilgen und die Steuern senken? Würde er das ausschweifende Leben am Hof beenden? Doch die Hoffnungen wurden enttäuscht. Ludwig XVI. interessierte sich nicht für die Fachgespräche mit seinen Ministern. Lieber hielt er sich in seiner Schlosserwerkstatt auf oder ging auf die Jagd. Wie seine Vorgänger gab er das Geld mit vollen Händen aus und der Adel tat es ihm nach.

1 *Beschreibt die Personen auf Abbildung 1. Überlegt, was der Maler mit dem Gemälde zum Ausdruck bringen wollte.*

Der dritte Stand trägt die Lasten

Die Angehörigen des ersten und zweiten Standes genossen besondere Rechte (Privilegien). Sie waren weitgehend von der Zahlung der Steuern befreit (siehe S. 76). Sie wurden bei der Vergabe hoher Staatsämter in der Armee, in der Verwaltung oder der Kirche bevorzugt. Der dritte Stand hatte fast die gesamten Steuern zu bezahlen. Durch Missernten kam es zu Hungersnöten. 1789 verdiente ein Bauarbeiter 18 Sous pro Tag. Ein Vierpfundbrot kostete aber schon 14,5 Sous. Wie sollte man da noch seine Familie ernähren?

2 *Beschreibt Abbildung 2 und erläutert, wogegen der Zeichner dieses Stiches protestiert.*

3 *Vergleicht den Verdienst des Bauarbeiters und die damaligen Lebenshaltungskosten in Paris (Randspalte). – Für welche notwendigen Ausgaben fehlte dem Bauarbeiter das Geld?*

Der Adel in der Kritik

Seit 1788 erschienen in Frankreich immer häufiger Flugschriften, die sich gegen die Vorherrschaft des Adels richteten:

Q1 … Eigentlich gibt es in Frankreich nur zwei Stände, den Adel und das Volk. Ich für meinen Teil … behaupte, dass der Adel ein Nichts ist. Auf den Adel kann der König verzichten, nicht aber auf das Volk. Ohne das Volk ist der Adel nur ein kleiner Splitter der Nation, der nicht einmal ausreicht, eine mittlere Provinzstadt zu bevölkern. Das Volk dagegen bildet auch ohne den Adel und selbst ohne die mit diesem verbündete Geistlichkeit eine unge-

Finanz- und Staatskrise

2 Der dritte Stand trägt die Lasten. Auf dem Stein steht: die Kopfsteuer, das Steuerwesen und die Fronarbeiten*. Kolorierter Kupferstich, 1789.

heure Masse – ebenso arbeitsam im Innern wie wehrhaft nach außen.
Vom Volk empfängt der Staat Unterhalt und Wohlstand, im Volk bestehen seine Kraft und sein Ruhm. …

Gegen die massive Kritik setzte sich der Adel mit einer Schrift zur Wehr:

Q2 … Die Garantie der persönlichen Steuerfreiheit und der Auszeichnungen, die der Adel zu allen Zeiten genossen hat, sind Eigenschaften, die den Adel besonders hervorheben; sie können nur dann angegriffen werden, wenn die Auflösung der allgemeinen Ordnung erstrebt wird. Diese Ordnung hat ihren Ursprung in göttlichen Institutionen: Die unendliche und unabänderliche Weisheit hat Macht und Gaben ungleichmäßig verteilt. …

4 *Fasst die Kritik am Adel (Q1) mit eigenen Worten zusammen.*

5 *Nehmt Stellung zu den Aussagen in Q1.*

6 *Erläutert mithilfe von Q2, wie der Adel seinen Anspruch auf Privilegien rechtfertigt.*

7 *Verfasst ein Streitgespräch zwischen einem Adligen und einem Angehörigen des dritten Standes und tragt es in der Klasse vor.*

Verdreifachte Schuldenlast

Im Jahr 1788 stand der französische König Ludwig XVI. vor einer katastrophalen Situation. Die Schuldenlast des Staates hatte sich in den letzten 15 Jahren verdreifacht und betrug nun fünf Milliarden Livres. Sein Versuch, neue Steuern beim Adel oder dem hohen Klerus einzutreiben, scheiterte am entschlossenen Widerstand dieser beiden Gruppen.

8 *Berechnet mithilfe der Angaben im Text und in der Randspalte, wie viele Jahre der französische Staat zur Tilgung seiner Schulden benötigen würde, wenn er nur Einnahmen wie 1788 hätte, aber keine Ausgaben.*

Fronarbeiten*: *Persönliche Dienstleistungen der Bauern für ihre Grundherren für eine festgelegte Zahl von Tagen im Jahr. Dies konnten die verschiedensten Tätigkeiten sein wie z. B. das Feld pflügen oder Unkraut jäten.*

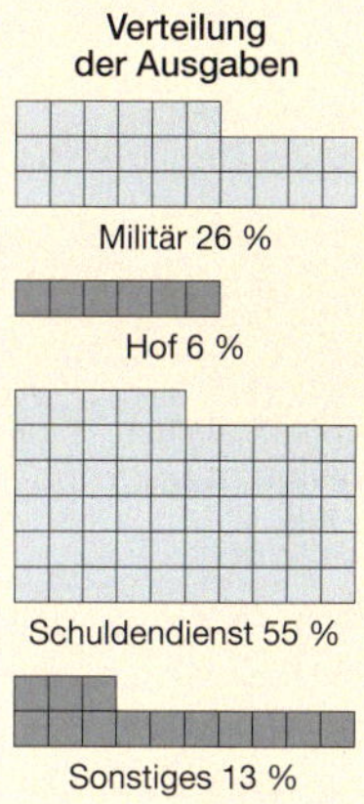

Der Staatshaushalt im Jahr 1788.

Der Beginn der Revolution

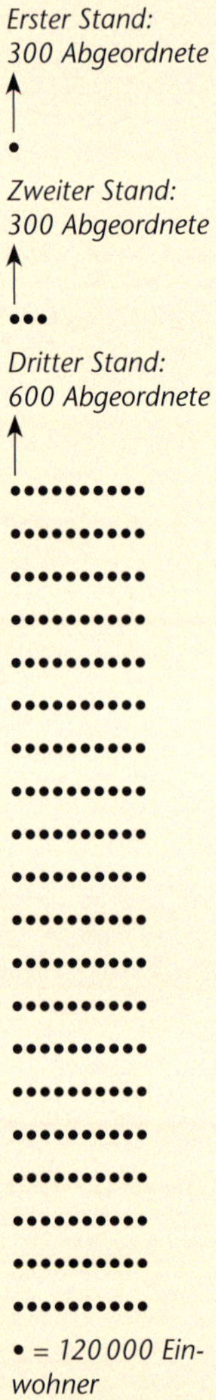

1 **Als die Einberufung der Generalstände für den Mai 1789 bekannt wird, versammeln sich in jeder Gemeinde die Einwohner, um – dem Brauch entsprechend – ihren Beschwerdebrief zu verfassen.** Buchillustration.

***Generalstände*:** Seit dem Beginn des 14. Jahrhunderts die Versammlung der Vertreter der drei Stände von ganz Frankreich. Sie wurden zur Zeit des Absolutismus nicht einberufen. Die Generalstände hatten vor allem das Recht der Steuerbewilligung.*

Der König beruft die Generalstände* ein

Der dritte Stand weitgehend verarmt, das Land dem Bankrott nahe und weit und breit keine Lösung der Finanzkrise in Sicht – das war die Situation Frankreichs zu Beginn des Jahres 1789.

In dieser verzweifelten Lage beschloss Ludwig XVI., die Vertreter aller drei Stände nach Versailles einzuberufen. Gemeinsam sollten sie über eine Lösung der Finanzkrise beraten, gemeinsam nach einer Lösung suchen. Am 5. Mai 1789 – so ließ er es im ganzen Land von den Kanzeln verkünden – treffen sich die Abgeordneten in Versailles. Im Februar und März fanden die Wahlen statt:

- Der erste Stand (120 000 Geistliche) wählte 300 Abgeordnete.
- Der zweite Stand (350 000 Adlige) wählte 300 Abgeordnete.
- Der dritte Stand (24 Mio. Franzosen) wählte 600 Abgeordnete.

Wählen durfte nur, wer männlich war und Besitz hatte.

Schon Ende April trafen die ersten Abgeordneten in Versailles ein. Täglich brachten staubbedeckte Postkutschen Gruppen weiterer Abgeordneter aus dem ganzen Land herbei. In ihrem Gepäck führten die Vertreter des dritten Standes Beschwerdehefte mit, zusammengestellt von Bauern, Handwerkern, Landarbeitern und armen Landpfarrern. 60 000 Hefte waren es insgesamt. Alle enthielten immer wieder die gleichen Klagen, wie z. B.: Die Abgaben sind zu hoch, die Bauern werden von ihren Grundherren wie Sklaven behandelt, viele sind dem Verhungern nahe. Die Beschwerdebriefe sollten dem König gezeigt werden. Doch auch die Adligen hatten Briefe verfasst, in denen sie mehrheitlich erklärten, dass sie „der Abschaffung der von den Vorfahren ererbten Rechte niemals zustimmen" würden.

1 *Beschreibt, mit welchen Erwartungen Vertreter des dritten Standes und der Adligen nach Versailles gekommen sind.*

2 *Vergleicht und bewertet die Zahl der Vertreter der drei Stände (Randspalte).*

3 *Erläutert, welche Ziele der König mit der Einberufung der Versammlung verfolgte.*

Von den Generalständen zur Nationalversammlung

2 20. Juni 1789: Der Schwur im Ballhaus. Gemälde von J. Louis David, um 1790.

Wer vertritt das Volk?
Alle Abgeordneten waren vollzählig versammelt, als am 5. Mai 1789 der König in einem Saal seines Schlosses die Sitzung der Generalstände eröffnete. Gespannt warteten vor allem die Vertreter des dritten Standes darauf, wie der König auf die Beschwerdehefte und die darin enthaltenen Forderungen reagieren würde. Doch der König sprach nicht von Reformen, er wünschte nur die Zustimmung zu neuen Steuern. Nach dem König sprach der Finanzminister noch drei Stunden über die Staatsschulden. Dann wurden die Abgeordneten entlassen. Sie sollten jetzt – jeder Stand für sich – über die Steuervorschläge des Königs beraten und abstimmen. Jeder Stand sollte eine Stimme haben.
Gegen diese Anordnung des Königs wehrten sich die Abgeordneten des dritten Standes. Sie verlangten eine gemeinsame Beratung aller Abgeordneten und eine Abstimmung nach Köpfen. Doch der König und fast alle Abgeordneten des ersten und zweiten Standes lehnten diese Forderungen ab.
Am 17. Juni 1789 erklärten schließlich die Abgeordneten des dritten Standes:

Q1 … Wir sind die Vertreter von 24 Millionen Franzosen. Wir sind die einzigen und wahren Vertreter des ganzen französischen Volkes. Deshalb geben wir unserer Versammlung den Namen „Nationalversammlung"*. Wir werden Frankreich eine Verfassung geben, die allen Franzosen die gleichen Rechte garantiert. …

4 *Begründet mit Q1, warum der dritte Stand das Recht für sich in Anspruch nahm, sich zur Nationalversammlung zu erklären.*

Der Schwur im Ballhaus
Als der König aus Empörung über das Vorgehen des dritten Standes den Sitzungssaal sperren ließ, versammelten sich die Abgeordneten in einer nahe gelegenen Sporthalle, dem sogenannten Ballhaus. Hier schworen die Abgeordneten am 20. Juni 1789, sich nicht zu trennen, bis sie eine Verfassung für Frankreich verabschiedet hätten.
Als der König versuchte, die Nationalversammlung aufzulösen, riefen die Abgeordneten ihm zu: „Die versammelte Nation empfängt keine Befehle." Von der Entschlossenheit des dritten Standes beeindruckt, gab der König nach. Am 27. Juni 1789 forderte er die beiden anderen Stände auf, sich der Nationalversammlung anzuschließen. Das war das Ende der Generalstände.

5 *Das Gemälde „Schwur im Ballhaus" (Abbildung 2) war eines der ersten politischen Bilder, das nicht von der Kirche oder von Adligen in Auftrag gegeben worden war. Vermutet, welche Wirkung es auf die Betrachter ausüben sollte.*

5. Mai 1789:
Der König eröffnet die Sitzung der Generalstände in Versailles.

17. Juni 1789:
Die Versammlung der Vertreter des dritten Standes erklärt sich zur Nationalversammlung.

27. Juni 1789:
Der König empfiehlt den Vertretern der beiden anderen Stände, sich der Nationalversammlung anzuschließen.

Nationalversammlung*:
Eine verfassunggebende Versammlung von Abgeordneten, die die ganze Nation vertritt.

Revolution in Paris und auf dem Land

1 **Das Erwachen des dritten Standes.** Karikatur, 1789.

***Eine blau-weiß-rote Kokarde**, das Abzeichen der Revolutionäre.*

Der Sturm auf die Bastille

Die Pariser Bevölkerung verfolgte die Ereignisse in Versailles voller Ungeduld. In der Stadt herrschte seit Wochen Hunger. Die ersten Hungertoten hatte man schon begraben müssen. Es kam der Verdacht auf, Adlige würden Getreide hamstern, um den dritten Stand gefügig zu machen.

Alle Hoffnungen richteten sich daher auf die Abgeordneten der Nationalversammlung. Sie hatten gezeigt, dass sie sich für die Anliegen der Bevölkerung einsetzen wollten. Umso größer war dann aber die Wut der Bevölkerung, als sie erfuhr, dass der König Truppen um Paris zusammenzog, fast 20000 Mann. Sie sollten, so hieß es, die Abgeordneten vertreiben. In ganz Paris ertönte daher der Schrei: „Zu den Waffen!“ – Man brach die Läden der Waffenhändler auf. Alle Glocken läuteten Sturm. Stühle, Tische, Fässer, Pflastersteine wurden auf die Straße geworfen, um Barrikaden zu errichten.

***14. Juli 1789:** Eine große Menschenmenge stürmt in Paris die Bastille.*

Am 14. Juli 1789 versammelte sich die Menge vor der Bastille, dem verhassten Staatsgefängnis. Man forderte den Kommandanten zur Übergabe auf. Es kam zu einem Schusswechsel. Als die Belagerten das Tor öffneten, weil sie aufgeben wollten, ermordete die Menge einige Soldaten und den Kommandanten. Seinen Kopf spießte man auf eine Stange und trug ihn im Triumphzug durch die Stadt. Das Ereignis wurde als „Sturm auf die Bastille“ zum Symbol der Revolution.

Ludwig XVI. zog die Truppen vollständig ab. Am 17. Juli kam er selbst nach Paris. Im Rathaus heftete er sich das Abzeichen der Revolutionäre an, die blau-weiß-rote Kokarde. Blau und Rot waren die Farben der Stadt Paris, Weiß die Farbe des Königshauses. Dies sei – so versicherte der König – ein Zeichen für den ewigen Bund zwischen ihm und dem Volk.

1 *Lest nochmals nach, was der König bis jetzt gesagt oder angeordnet hat. – Beurteilt dann seine Aussage von einem ewigen Bund zwischen ihm und dem Volk.*

2 *Stellt euch vor, ihr wärt damals Reporter gewesen. Verfasst einen kurzen Zeitungsbericht, in dem ihr auch die Stimmung in der Bevölkerung schildert.*

Die Revolution ergreift das Land

Die Nachricht von der Erstürmung der Bastille verbreitete sich wie ein Lauffeuer in ganz Frankreich. Sie löste vor allem bei den Bauern große Freude aus. Seit Monaten hatten sie auf die Beantwortung ihrer Beschwerdehefte gewartet. Nichts war geschehen. Die Erstürmung der Bastille war für sie das Zeichen, jetzt ebenfalls selbst zu handeln. Die Bauern verweigerten die weitere Zahlung von Abgaben

Revolution in Paris und auf dem Land

2 5. Oktober 1789: Tausende von Frauen ziehen von Paris nach Versailles. Sie fordern vom König Brot und die Unterschrift unter die Beschlüsse der Nationalversammlung. Zeichnung eines Unbekannten.

und Steuern. Sie bewaffneten sich mit Sensen, Dreschflegeln, Mistgabeln und Jagdgewehren und drangen gewaltsam in die Schlösser ihrer Grundherren ein. Um die Bauern zu beruhigen, beschloss die Nationalversammlung, sofort zu handeln.
In einer stürmischen Nachtsitzung vom 4. auf den 5. August 1789 wurde beschlossen:

Q1 … 1. Die Leibeigenschaft wird abgeschafft.
2. Die Gerichtsbarkeit des Grundherrn wird beseitigt.
3. Die Sonderrechte für die Jagd, Taubenschläge und Gehege werden aufgehoben.
4. Der Zehnte und andere Rechte des Herrn können in Geld entrichtet oder durch Geldzahlungen abgelöst werden.
5. Mit Beginn des Jahres 1789 sind alle Bürger gleich steuerpflichtig. …

Nach diesen Beschlüssen beruhigte sich zunächst die Lage auf dem Land.

3 *Erklärt die Behauptung: Die Beschlüsse dieser Sitzung (Q1) waren der Tod der alten Gesellschaftsordnung.*

Frauen holen den König nach Paris

Die Nationalversammlung forderte den König auf, ihre Beschlüsse zu unterschreiben. Ludwig XVI. weigerte sich mit der Bemerkung: „Nie werde ich einwilligen, meine Geistlichen und meinen Adel zu berauben.“ Gleichzeitig ließ er erneut Truppen in der Nähe von Versailles zusammenziehen. Die Empörung hierüber war bei der Bevölkerung in Paris grenzenlos. Hinzu kamen Wut und Enttäuschung darüber, dass sich die Versorgung mit Brot noch immer nicht gebessert hatte.
Am Morgen des 5. Oktober 1789 versammelten sich zahlreiche Frauen vor dem Rathaus von Paris. Sie verlangten Brot, doch es gab keines. Spontan beschlossen sie, nach Versailles zu ziehen. Über 7000 Frauen waren es schließlich, die sich auf den Weg machten: Brot und die Unterschrift des Königs – so lauteten ihre Forderungen. Am Abend erreichten sie Versailles, am folgenden Morgen drangen sie in das Schloss ein. Immer lauter wurden die Rufe: „Der König nach Paris!“ Ludwig XVI. gab nach. Abends trafen die Massen mit dem König in Paris ein. Die Frauen riefen: „Wir bringen den Bäcker*, die Bäckerin und den kleinen Bäckerjungen.“ Dies war der letzte Tag des Königs im Schloss zu Versailles, dem Zentrum des französischen Absolutismus. Schließlich unterschrieb er die Beschlüsse der Nationalversammlung.

4 *Stellt Vermutungen darüber an, was die Frauen mit dem Ausspruch: „Wir bringen den Bäcker!“ ausdrücken wollten.*

5 *Sammelt Argumente, warum gerade so viele Frauen an dem Marsch nach Versailles beteiligt waren.*

Frauen und die Revolution:
Revolutionäre Aktionen bzw. Aufstände von Frauen entstanden häufig aus der direkten Betroffenheit heraus. Sie sorgten für die Ernährung der Familie und wollten die Versorgung mit Lebensmitteln erzwingen. Daneben gab es aber auch seit 1791 Frauenklubs mit ausschließlich weiblichen Mitgliedern: Sie besuchten das Parlament, organisierten Versammlungen und versuchten mit Veröffentlichungen politisch Einfluss zu nehmen. Doch schon 1793 wurden die Frauenklubs verboten.

4./5. August 1789:
Die Nationalversammlung beschließt die Abschaffung der Leibeigenschaft und die Aufhebung aller Privilegien.

Bäcker*:
Das Volk von Paris gab dem König den Spitznamen „der Bäcker“, der Königin Marie Antoinette, einer Tochter der Kaiserin von Österreich, den Spitznamen „die Bäckerin“, weil diese auf den Hinweis, dass es in Paris kein Brot mehr zu essen gäbe, gesagt haben soll: „Dann sollen die Leute doch Kuchen essen.“

Methode: Karikaturen deuten

1 **„So kann es nicht weitergehen."**
Zeitgenössischer Stich.

Karikaturen in der Französischen Revolution

Karikaturen kennt ihr aus Tageszeitungen oder Zeitschriften. Meist reizen sie spontan zum Lachen, obwohl beim Nachdenken über den Inhalt vielleicht gar kein Grund zum Lachen besteht. Karikaturen sind Bilder, die zu einem aktuellen Ereignis oder Problem Stellung beziehen. Sie arbeiten mit bestimmten Stilmitteln. Dazu gehört oft die Übertreibung, z. B. von körperlichen Eigenschaften bestimmter Personen (übergroße Ohren, lange Nasen ...). Dabei geht es dem Zeichner darum, seine Meinung zu einer Sache darzustellen. Eine Karikatur beschreibt nicht nur, sie urteilt. Außerdem soll der Betrachter unterhalten, belehrt oder zu einer Stellungnahme aufgefordert werden.

Karikaturen gab es schon seit dem 16. Jahrhundert, aber im Verlauf der Französischen Revolution erhielten sie eine besondere Bedeutung: Sie ließen sich preiswert herstellen, leicht verbreiten, gut verstehen und erreichten so auch die Menschen, die kaum lesen konnten. Karikaturen wurden damit zu Mitteln der Aufklärung und der politischen Einflussnahme.

Die folgenden Arbeitsschritte helfen euch dabei, eine Karikatur zu deuten:

1. Schritt:
Der erste Eindruck

Notiert, was euch beim Betrachten zuerst auffällt.

2. Schritt:
Ideen sammeln

Sammelt alle Ideen und Gedanken, die euch beim Betrachten der Karikatur einfallen.

3. Schritt:
Beschreiben

Beschreibt so genau wie möglich, welche Personen und Sachverhalte abgebildet sind: Achtet auf Gesichtsausdruck, Körperhaltung, Kleidung, Gegenstände. Achtet auf Texte und die Bildunterschrift.

4. Schritt:
Bedeutung klären

Welche Bedeutung haben die abgebildeten Personen, Gegenstände, Tiere? Welche Bedeutung hat die Handlung? Auf welche Situation, auf welches Ereignis bezieht sich die Karikatur?

5. Schritt:
Werten

Welche Position bezieht der Karikaturist? Wie beurteilt ihr die Karikatur?

1 *Untersucht Abbildung 1 mithilfe der Arbeitsschritte.*

2 *Untersucht die Abbildungen 2–5: Klärt, welche der dargestellten Personen den Adel, die Geistlichkeit und den dritten Stand zeigen. Vergleicht dann die Abbildungen 2/3 mit 4/5. Was ist ähnlich, was ist anders? Achtet besonders auf die Position der einzelnen Personen.*

2/3 **„Hoffentlich ist bald Schluss."** Kolorierte Radierungen, 1789.

4/5 **Die Umkehrung der Verhältnisse: „Ich wusste doch, dass wir auch noch an die Reihe kommen."** Kolorierte Radierungen, 1789.

Menschenrechte und Verfassung

*Aktivbürger**: *Nur Männer, die ein höheres Einkommen hatten und entsprechende Steuern zahlten, konnten wählen. Von ca. 24 Millionen Franzosen waren etwa vier Millionen Aktivbürger.*

26. August 1789: *Erklärung der Menschen- und Bürgerrechte.*

*Menschenrechte**: *Grundrechte, die jedem Menschen, von Natur aus, immer und unveräußerlich zustehen, wie das Recht auf Gleichheit, Eigentum, Meinungs- und Glaubensfreiheit. In den Verfassungen der USA (1789) und Frankreichs (1791) wurden den Bürgerinnen und Bürgern erstmals Menschenrechte zugesichtert.*

1791: *Die neue Verfassung wird verkündet. Frankreich wird eine konstitutionelle Monarchie.*

*konstitutionelle Monarchie**: *Bezeichnung für eine Herrschaftsform, bei der die Macht des absoluten Königs durch eine Verfassung (= Konstitution) eingeschränkt wird.*

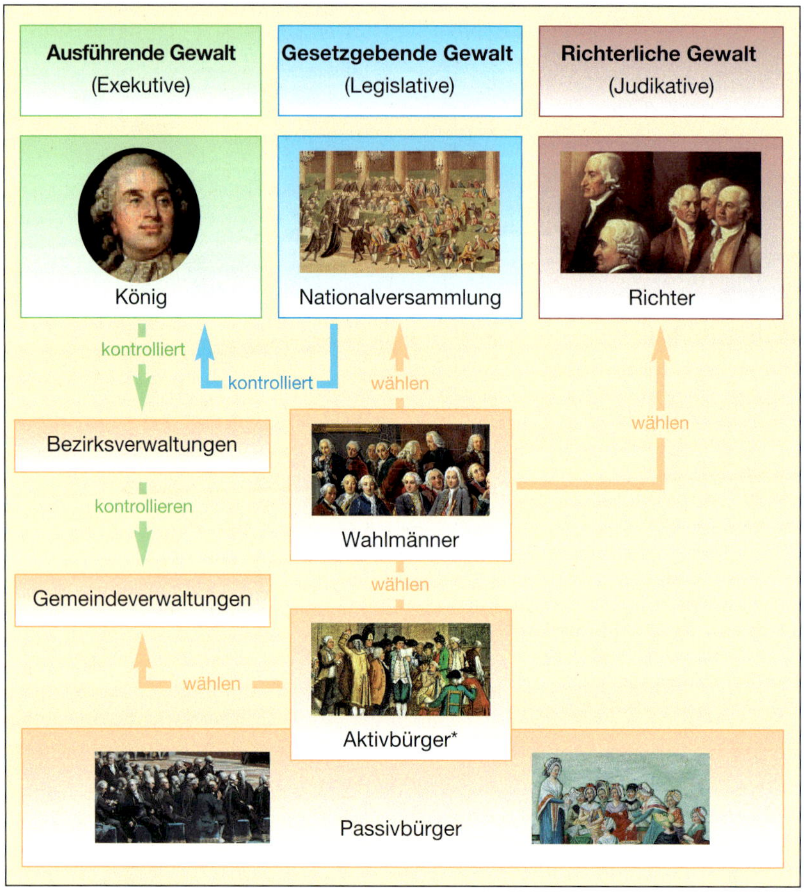

1 Der Staatsaufbau Frankreichs nach der Verfassung von 1791.

Freiheit – Gleichheit – Brüderlichkeit

Am 26. August 1789 verkündete die Nationalversammlung die Menschen- und Bürgerrechte*.

Aus der Erklärung der Menschenrechte:

Q1 … 1. Die Menschen werden frei und gleich an Rechten geboren und bleiben es.
2. Diese Rechte sind: Freiheit, Eigentum, Sicherheit und Widerstand gegen Unterdrückung.
3. Der Ursprung jeder Herrschaft liegt beim Volk.
4. Die Freiheit besteht darin, alles tun zu können, was einem anderen nicht schadet.
6. Alle Bürger haben das Recht, an der Gestaltung der Gesetze persönlich oder durch ihre Vertreter mitzuwirken.
10. Niemand darf wegen seiner Ansichten oder Religion bestraft werden …

Beschränkung der königlichen Macht

Im Jahr 1791 wurde die neue Verfassung beschlossen. Der Titel für König Ludwig XVI. lautete jetzt: „Durch Gottes Gnade und die Verfassungsgesetze König der Franzosen." Damit löste die konstitutionelle, d. h. an die Verfassung gebundene Monarchie* die absolute Monarchie ab. Zu den Wahlen zugelassen wurden alle sogenannten Aktivbürger, die über ein bestimmtes Mindesteinkommen verfügten. Etwa 20 Millionen Franzosen wurden so vom Wahlrecht ausgeschlossen.

1 *In welchen Punkten stehen die Menschen- und Bürgerrechte im Gegensatz zur absolutistischen Herrschaft?*

2 *Erläutert anhand von Schema 1, was sich mit der Verfassung von 1791 gegenüber der Zeit des Absolutismus verändert hat. Seht euch dazu auch noch mal auf Seite 87 die Abbildungen 2 und 3 an.*

Freiheit, Gleichheit und Brüderlichkeit

Menschenrechte – nicht für Frauen?

Am 3. September wurde die neue Verfassung von der Nationalversammlung beschlossen. Nur wenige Tage später erschien in Paris eine Schrift mit dem Titel: „Die Rechte der Frau – an die Königin." Verfasserin war Olympe de Gouges (1748–1793), Schriftstellerin und Vorkämpferin für die Rechte der Frauen.

Mit einer Kampfansage an den Mann beginnt diese Schrift:

Q2 ... Mann, bist du fähig gerecht zu sein? Eine Frau stellt dir diese Frage. Dieses Recht wirst du ihr zumindest nicht nehmen können. Sag mir, wer hat dir die selbstherrliche Macht verliehen, mein Geschlecht zu unterdrücken? Extravagant, blind, von den Wissenschaften aufgeblasen und degeneriert [verfallen], will er [der Mann] in diesem Jahrhundert der Aufklärung ... despotisch [wie ein Gewaltherrscher] über ein Geschlecht befehlen, das alle intellektuellen Fähigkeiten besitzt ....

Die Mütter, Töchter, Schwestern, die Vertreterinnen der Nation verlangen, in der Nationalversammlung vertreten zu sein.

Es folgten – genauso wie bei der Erklärung der Menschenrechte (siehe S. 108) – 17 Artikel, in denen aber jedes Mal die Frauen ausdrücklich genannt wurden:

Q3 Artikel 1:
Die Frau wird frei geboren und bleibt dem Manne gleich an Rechten ...
Artikel 2:
Ziel und Zweck eines jeden politischen Zusammenschlusses ist der Schutz der natürlichen und unveräußerlichen Rechte der Frau und des Mannes. Diese Rechte sind: Freiheit, Eigentum, Sicherheit und besonders das Recht auf Widerstand gegen Unterdrückung.
Artikel 6:
Alle Bürgerinnen und Bürger sind vor den Augen des Gesetzes gleich, und sie müssen in gleicher Weise entsprechend ihren Fähigkeiten ... zu allen Würden, Stellen und öffentlichen Ämtern zugelassen sein.

3 *Seht euch Abbildung 2 genau an und beschreibt die Personen, die ihr auf diesem Bild erkennt: Wie sind sie gekleidet, wie sind die Größenverhältnisse der Personen zueinander, wie scheinen sie auf die Überreichung der „Rechte der Frau" an die Königin zu reagieren?*

2 Olympe de Gouges präsentiert Königin Marie Antoinette und König Ludwig XVI. ihre „Rechte der Frauen".
Zeitgenössische allegorische Darstellung.

4 *Fasst in eigenen Worten zusammen, welche Forderungen Olympe de Gouges an die National Versammlung stellt (Q2, Q3).*

Olympe de Gouges war eine mutige Frau, die für ihre Überzeugungen kämpfte. In immer neuen Schriften setzte sie sich immer radikaler dafür ein, dass Frauen ebenso wie Männer am politischen Leben teilnehmen durften. „Frauen" – so ruft sie in einer Flugschrift ihren Mitbürgerinnen zu – wäre es nicht an der Zeit, dass auch unter uns eine Revolution stattfände?"

Sie sollte ihr Ziel nicht erreichen. – Im weiteren Verlauf der Revolution wurde sie mit der Begründung, sie hätte die Revolution verraten, zum Tode verurteilt. Am 3. November 1793 wurde sie hingerichtet. In einer ihrer letzten Flugschriften hatte sie geschrieben: „Meine Stimme wird sich noch aus des Grabes Tiefe Gehör verschaffen." Mit dieser Voraussage sollte sie Recht behalten.

5 *Sucht im Internet nach weiteren Informationen zu Olympe de Gouges und verfasst einen kurzen Lebenslauf mit den wichtigsten Ereignissen im Leben dieser Frau.*

Werkstatt Geschichte: Menschenrechte – damals und heute

1 **Menschenrechte nicht für alle?** Bildcollage.

Menschenrechte – nicht für alle?
In der Hafeneinfahrt von New York steht die Freiheitsstatue, die 1886 als Geschenk des französischen Volkes hier errichtet wurde.
Mit einem Fuß steht die Freiheitsgöttin auf den zerbrochenen Ketten der Sklaverei. In der linken Hand hält sie eine Tafel mit der Inschrift: 4. Juli 1776. Dies ist das Datum der amerikanischen Unabhängigkeitserklärung. Sie beginnt mit den Menschenrechten:

Q1 … Folgende Wahrheiten erachten wir als selbstverständlich: Alle Menschen sind gleich geschaffen. Sie sind von ihrem Schöpfer mit unveräußerlichen Rechten ausgestattet. Dazu gehören Leben, Freiheit und Streben nach Glück.

1 *Beschreibt die Abbildung. – Für wen galten die Menschenrechte offensichtlich nicht?*

Wir halten es für selbstverständlich, dass alle Menschen von Geburt an frei und gleich an Rechten sind. Doch was uns selbstverständlich erscheint, ist für viele Menschen auf dieser Welt nur eine Hoffnung, die sich vielleicht irgendwann einmal für sie erfüllen wird.
Bis vor gut 200 Jahren war die Situation auch in Europa nicht viel anders: Im Mittelalter und auch zu Beginn der Neuzeit waren die Menschen nicht gleich. Bauern waren abhängig vom Adel, Bürger von ihrem Stadtherrn und beide zusammen vom Fürsten, König oder Kaiser. Diese Ungleichheit – so sagte man – sei von Gott so gewollt. Deshalb dürfe man sich dagegen auch nicht wehren.
Während der Französischen Revolution aber wurden die Zweifel an der „göttlichen Einrichtung“ des Adels immer lauter. Doch hier wie überall wehrte sich der Adel dagegen, seine Vorrechte aufzugeben. Und als die Menschenrechte schließlich auch in Frankreich 1789 verkündet wurden, da galten sie wie in den USA nur für Männer. Es sollte noch viele Jahre dauern bis aus den „Männerrechten“ wirklich die Menschenrechte wurden.

2 *Sammelt 14 Tage lang Meldungen in Zeitungen oder im Internet, die von Menschenrechtsverletzungen berichten. – Gestaltet mit Hilfe dieses Materials eine Wandzeitung für euer Klassenzimmer (siehe Methode S. 135)*

3 *Informiert euch im Internet über Organisationen und ihren Einsatz für die Menschenrechte. Internettipps sind:*
www.unicef.de
www.thh.de *(terre des hommes)*
www.amnesty.de
www.kinderpolitik.de

4 *Versucht im gemeinsamen Gespräch herauszufinden, warum es eine Demokratie ohne Beachtung der Menschen- und Bürgerrechte nicht geben kann.*

2 **Kinder aus dem Kongo.** Foto, 2008.

Ein Leben ohne Rechte
Sie heißen Pierre, Pascal oder Gilbert, Pauline oder Louise (Abbildung 2). Es sind Kinder aus dem Kongo in Afrika. Ihre Eltern leben nicht mehr. Sie sind getötet worden in dem schon seit Jahren währenden Krieg. Das Vertrauen zu den Erwachsenen, die sie ausbeuten und missbrauchen, haben sie längst verloren, und verloren ist auch die Hoffnung auf ein Leben in Sicherheit und Geborgenheit.
So oder ähnlich wie diesen Straßenkindern im Kongo geht es vielen Kindern auf der ganzen Welt. Viele Mädchen und Jungen können von einer geregelten Schulbildung nur träumen. Krieg, Vertreibung, Seuchen, Naturkatastrophen und Armut verhindern, dass sie etwas Sinnvolles lernen können. Viele Kinder auf der ganzen Welt müssen täglich den ganzen Tag über hart arbeiten, um überhaupt überleben zu können. Da bleibt keine Zeit für die Schule. Mädchen sind vielerorts noch zusätzlich benachteiligt, weil man ihre Ausbildung für überflüssig hält.

Kinderrechte sind Menschenrechte
Um Kindern auf der ganzen Welt zu ihrem Recht zu verhelfen, haben die Vereinten Nationen (UN) im Jahre 1989 ein „Übereinkommen über die Rechte des Kindes" getroffen, das seit 1992 auch in Deutschland gilt. Die zentrale Botschaft dieses Übereinkommens lautet: Kinder sind Menschen, die von Geburt an Rechte haben, die ihnen niemand nehmen darf.

Zu diesen Rechten zählen u. a.:

Q2 … – Alle Kinder gelten gleich viel, unabhängig von Geschlecht, Hautfarbe, Sprache, Religion oder Herkunft.
– Alle Kinder haben das Recht, zu beiden Elternteilen den Kontakt zu halten, wenn diese getrennt leben.
– Alle Kinder müssen vor schlechter Behandlung, Ausbeutung und Misshandlung durch Eltern oder andere Erwachsene geschützt werden.

5 *Berichtet, von welchen Verstößen gegen Kinderrechte ihr selber etwas gehört oder erfahren habt.*
6 *Verfasst gemeinsam eine „Erklärung der Kinderrechte" und schreibt hier alle Rechte auf, die eurer Meinung nach Kindern zustehen sollten.*

Der König wird hingerichtet

1 Die Verhaftung König Ludwigs XVI. auf der Flucht 1791. Zeitgenössischer Stich eines Unbekannten.

Der König auf der Flucht

Am 20. Juni 1791 um Mitternacht verließ der König, als Kammerdiener verkleidet, zusammen mit seiner Familie heimlich Paris. Sein Ziel war die deutsche Grenze. Vor ihm waren schon mehr als 40 000 Adlige ins Ausland geflohen. Sie wollten sich nicht damit abfinden, keine Vorrechte mehr zu haben. Vom Ausland aus bereiteten sie den Kampf gegen die Revolution vor. Der König wollte sich mit den geflohenen Adligen verbünden. Sein Ziel war es, mit einer Armee nach Paris zurückzukehren, um die absolute Macht wieder an sich zu reißen.

Nur einen Tag später konnte man in Paris auf Plakaten lesen:

Q1 ... Mitteilung an die Bürger, dass ein fettes Schwein aus den Tuilerien* entflohen ist. Wer ihm begegnet, wird gebeten, es in seinen Stall zurückzubringen. Eine angemessene Belohnung wird er dafür erhalten ...

Tuilerien:* *Stadtschloss des Königs in Paris.*

Am gleichen Tag hieß es in einer Pariser Zeitung:

Q2 ... Volk, da hast du die Treue, die Ehre und die Religion der Könige. Misstraue ihren Eiden! In der letzten Nacht hat Ludwig XVI. die Flucht ergriffen ... Der absolute Machthunger, der seine Seele beherrscht, wird ihn bald zu einem wilden Mörder machen. Bald wird er im Blute seiner Mitbürger waten, die sich weigern, sich unter sein tyrannisches Joch zu beugen ...

Noch am gleichen Abend wurde der König auf der Flucht erkannt und gezwungen, nach Paris zurückzukehren. Als er am 25. Juni wieder in Paris eintraf, war es totenstill. Schweigend standen die Soldaten rechts und links der Straße, die Gewehre nach unten gekehrt.

1 *Beschreibt die Vorgänge auf der Abbildung 1. – Achtet auch auf die Haltung und den Gesichtsausdruck des Königs und der übrigen Personen.*

2 *Beschreibt die Gefühle und Stimmungen, die in Q1 und Q2 ausgedrückt werden. – Was wird dem König vorgeworfen?*

Die Revolution in Gefahr

22. April 1792: *Die französische Nationalversammlung erklärt den verbündeten europäischen Mächten den Krieg.*

Die Gefahr für die Französische Revolution war mit der Rückkehr des Königs aber noch nicht beseitigt. Die übrigen europäischen Herrscher fürchteten nämlich, dass die Revolution auch auf ihre Länder übergreifen könnte. Preußen und Österreich schlossen ein Militärbündnis gegen die Revolution. Um ihren Gegnern zuvorzukommen, erklärte die Nationalversammlung am 22. April 1792 den verbündeten europäischen Mächten den Krieg. Die französischen Soldaten zogen mit

Frankreich wird Republik

2 Hinrichtung König Ludwig XVI. Radierung, 1793.

großer Begeisterung in diesen Krieg, aber sie waren schlecht ausgebildet. Außerdem ließ die Königin den feindlichen Generälen den französischen Feldzugsplan zuspielen. Es kam zu Niederlagen. Die gegnerischen Truppen drangen in Frankreich ein. Die Wut des Volkes gegen den König als einen Feind der Revolution kannte jetzt keine Grenzen mehr. Im August 1792 stürmte die Menge das Schloss. Der König floh in die Nationalversammlung. Hier wurde er für abgesetzt erklärt und verhaftet.

„Ludwig muss sterben, weil das Vaterland leben muss"

Noch am gleichen Tag wurden Neuwahlen ausgeschrieben. Bei dieser Wahl sollten alle Bürger stimmberechtigt sein. Nur einen Monat später, im September 1792, trat die neue Nationalversammlung zusammen. Sie bezeichnete sich jetzt als Nationalkonvent.
Den größten Einfluss in diesem Konvent hatte eine Gruppe besonders radikaler Abgeordneter, die Jakobiner*. Einer ihrer mächtigsten Männer war Maximilien de Robespierre. Er wollte die Revolution mithilfe von Terror endgültig durchsetzen. Schon in seiner ersten Sitzung am 21. September verkündete der Nationalkonvent das Ende der Monarchie und den Beginn Frankreichs als Republik*. Im Dezember befasste sich der Konvent mit dem Schicksal des Königs.
In einer leidenschaftlichen Rede sagte Robespierre:

Q3 … Was mich angeht, so verabscheue ich die Todesstrafe, und für Ludwig habe ich weder Hass noch Liebe, nur seine Missetaten verabscheue ich. Aber ein König, dessen Name allein schon für unsere Nation den Krieg bedeutet, stellt für das öffentliche Wohl eine Gefahr dar. Mit Schmerz spreche ich die verhängnisvolle Wahrheit aus: Es ist besser, dass Ludwig stirbt, als dass 100 000 tugendhafte Bürger umkommen: Ludwig muss sterben, weil das Vaterland leben muss …

3 *Wie begründet Robespierre in Q3 die Verurteilung des Königs?*

Am 17. Januar 1793 fällte der Nationalkonvent mit 387 zu 334 Stimmen das Todesurteil. Vier Tage später wurde Ludwig hingerichtet. Frankreich, das keinen König mehr hatte, wurde eine Republik.

4 *Sammelt Argumente für und gegen die Verurteilung des Königs.*

21. Januar 1793:
Hinrichtung Ludwigs XVI. Frankreich wird Republik.

Jakobiner*:
Ein politischer Klub während der Französischen Revolution, dessen Mitglieder sich erstmals in dem ehemaligen Pariser Kloster St. Jakob trafen. Nach der Abspaltung der gemäßigten Gruppe der Girondisten (= Abgeordnete aus dem französischen Departement Gironde) wurde der Name nur noch für radikale Republikaner verwendet.

Republik*:
(lat. res publica = die öffentliche Sache). Begriff für eine Staatsform mit einer gewählten Regierung, in der das Volk oder ein Teil des Volkes die Macht ausübt.

Werkstatt Geschichte: Der Tod eines Königs

1 Paris, 21. Januar 1793: Der französische König Ludwig XVI. wird hingerichtet. Die Rekonstruktionszeichnung enthält 20 Fehler bzw. Gegenstände, die erst später entstanden oder erfunden wurden.

Auf Fehlerjagd

Am 21. Januar 1793 wurde der französische König von den Revolutionären in Paris hingerichtet. Unser Zeichner hat dieses Ereignis festgehalten (Abbildung 1). Doch unser Zeichner ist kein Experte für Geschichte. Deshalb sind ihm einige Fehler unterlaufen, die ihr nun – als Reisende durch die Geschichte – aufspüren sollt.

Es geht um insgesamt 20 zeitverschobene Gegenstände, die erst nach 1793 erfunden wurden, die also nicht in das Bild und die Zeit passen.

So findet ihr die Fehler

1 *Lest den nebenstehenden Text „Paris, 21. Januar 1793".*

2 *Sucht auf der Abbildung 1 die 20 zeitverschobenen Gegenstände und löst das Silbenrätsel.*

3 *Vergleicht eure Lösung mit der Lösung im Anhang (S. 136). Hier findet ihr auch weitere Informationen zur Geschichte der zeitverschobenen Gegenstände.*

Paris, 21. Januar 1793

Reisender, du befindest dich in Paris an einem kalten Januarmorgen des Jahres 1793. In Kürze wird eine Hinrichtung stattfinden. In dem dunstigen Morgenlicht erscheint das Gesicht des Verurteilten unter der Guillotine besonders blass. Er öffnet den Mund zum Sprechen. Doch sofort beginnt jeder Trommler auf dem Platz laut loszutrommeln, sodass die letzten Worte des Königs untergehen. Der Lärm ist ohrenbetäubend. Aber selbst wenn die Menge die Rede hören könnte, würde sie kaum eine Rettung versuchen. Dafür ist es längst zu spät.

Seit beinahe vier Jahren gibt es in Frankreich eine Revolution. Das Land hatte früher unter der Herrschaft des Königs und der reichen Adligen gestöhnt, die im Luxus lebten, während die meisten Menschen des Volkes unter bitterer Armut litten. Als der König daranging, die Steuern zu erhöhen, um seine Kriege im Ausland zu finanzieren, revoltierte das Volk. Einer der ersten Akte des Aufruhrs war der Sturm auf das Bastille-Gefängnis im Jahr 1789, der zum Ausbruch der Französischen Revolution führte.

Die imposanten Gebäude rundum sind mit Brettern vernagelt, und diejenigen Reichen, die sich in Sicherheit bringen konnten, halten sich hinter verschlossenen Türen verborgen. Es ist nicht der Reichtum an sich, der den Zorn und Hass der Revolutionäre aufgestachelt hat, sondern die Tatsache, dass das Wohlleben der wenigen Reichen mit dem Elend von vielen erkauft wird. Die rund um den Platz wehenden Fahnen werden dir bekannt vorkommen. Die Revolutionäre zeigen ihre Unterstützung für die Sache durch das Tragen roter Kappen mit einer blau-weißen Rosette. Die blau-weiß-rote Fahne ist noch heute die Nationalflagge Frankreichs, genannt die Trikolore. Unter dem Dröhnen der Trommeln wartet die berühmte Guillotine auf ihr königliches Opfer. Auch die Welt wartet. Zwar gibt es Rundfunk und Fernsehen noch nicht, doch die Zeitungen sind zu einem wichtigen Mittel für die schnelle Verbreitung von Nachrichten geworden. Diese Nachrichten verstärken das bereits vorhandene Gefühl in der ganzen westlichen Welt, dass die einfachen Menschen und nicht nur die Reichen und Mächtigen das Recht haben, über ihre Regierung und ihr Leben zu entscheiden. Die Revolutionäre um dich herum verleihen ihrem Glauben Ausdruck mit dem Ruf nach „Freiheit, Gleichheit, Brüderlichkeit“.
In wenigen Tagen wird die Nachricht vom Tod des Königs aus Paris bis in die entferntesten Winkel Europas und der weiteren Welt hinausdringen. Jedenfalls so schnell, wie ein Reiter auf einem guten Pferd sie tragen kann. Täglich werden große wissenschaftliche Entdeckungen gemacht, doch für die merkwürdigen Funken mit dem Namen Elektrizität ist noch keine nützliche Verwendung gefunden. Und auch die Revolutionierung von Industrie und Verkehr durch die kürzlich erfundene Dampfmaschine steht noch bevor.

Weitere Fehlerrätsel findet ihr in dem Buch von Nicola Baxter und Mike Taylor: Auf Fehlerjagd quer durch die Geschichte. Christians-Verlag, München 1996.

Silbenrätsel

alarm – an – an – ball – band – band – base – bon – bur – chen – cher – de – fern – fla – ham – ge – ge – ge – ge – ge – gel – gen – ger – häu – hoch – hun – il – ka – ka – ke – kehrs – kehrs – ket – kran – la – la – laut – leit – lei – lus – ma – mera – mini – meln – mos – müt – ne – nen – nis – park – pla – rät – rock – sche – schi – seh – ser – spre – sprech – steel – te – te – ter – ther – ton – trier – trom – uhr – ver – ver – wehr – ze – zei – zin

Kopiert euch diese Seite. Aus den Silben könnt ihr dann die Begriffe herausfinden, die die 20 zeitverschobenen Gegenstände bezeichnen.

Schreckensherrschaft*:
Als Schreckensherrschaft bezeichnet man den Zeitraum von Juni 1793 bis Ende Juli 1794. Sie war gekennzeichnet durch die massive Unterdrückung von Personen, die verdächtigt wurden, nicht mit der Revolution einverstanden zu sein. Willkür, Gewalt und Terror, d. h. die Verbreitung von Angst und Schrecken, hatten zum Ziel, die Menschen gefügig zu machen.

Sansculotten*:
(frz. = ohne Kniehosen). Bezeichnung für Pariser Revolutionäre, die aus den Unterschichten stammten. Die Männer trugen lange Hosen, um sich auch in der Kleidung vom Adel zu distanzieren.

Die Schreckensherrschaft

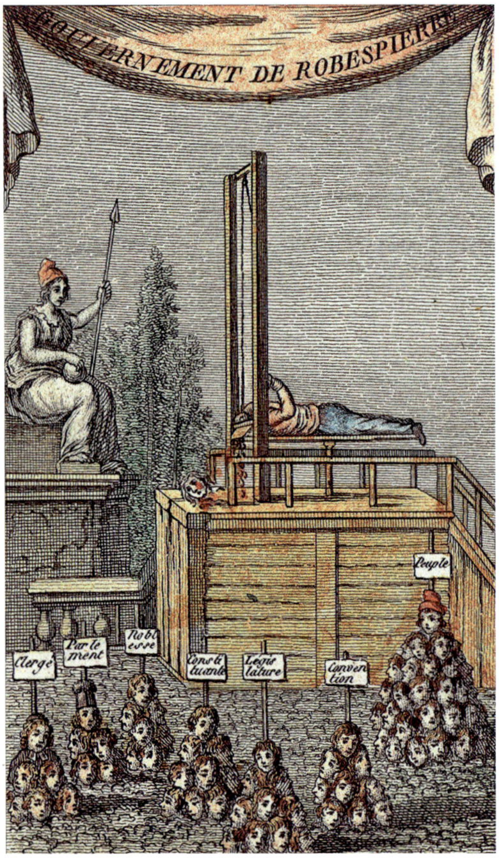

1 Die Opfer der Schreckensherrschaft*: u. a. Geistlichkeit (Clergé), Parlament (Parlement), Adel (Noblesse), Volk (Peuple). Stich von 1794.

Der Terror beginnt:
„Wer nicht für uns ist, der ist gegen uns"
Der König hingerichtet, die französischen Truppen auf der Flucht vor feindlichen Heeren und immer wieder Hungersnöte – Frankreich kam nicht zur Ruhe. Viele Menschen wandten sich daher ab von der Revolution und den Revolutionären.
In einem Brief aus dieser Zeit heißt es:

Q1 … Es wird aufgerufen, sich freiwillig zur Armee gegen die Preußen zu melden. Tausende tun das. Bald werden die ersten 40 000 Mann abmarschieren. Sie sind voller Begeisterung. Aber sie fragen sich: „Was wird geschehen, wenn wir weg sind?" Es gibt Tausende von Gegnern der Revolution in Paris. Werden diese Gegner nicht unsere Abwesenheit benutzen, um unsere Frauen und Kinder zu ermorden? …

Um mit den vielfältigen Problemen fertig zu werden, übertrug der Nationalkonvent die Macht auf zwei Ausschüsse:
- Die Mitglieder des Wohlfahrtsausschusses waren zuständig für die Versorgung der Bevölkerung, die Errichtung von Rüstungsbetrieben, für das Militär und die Polizei. Vorsitzender dieses Ausschusses wurde Robespierre, der gegenüber den wahren oder auch nur angeblichen Gegnern der Republik keine Gnade walten ließ.
- Der Sicherheitsausschuss hatte die Aufgabe, „Feinde der öffentlichen Ordnung" aufzuspüren und verhaften zu lassen.

Beide Ausschüsse wurden von den Jakobinern beherrscht. Unterstützt wurden sie vor allem von den Kleinbürgern, den Sansculotten*. Diese Gruppe fürchtete, aufgrund der politisch unsicheren Lage seien die Errungenschaften der Revolution gefährdet, und glaubte, die Ordnung müsse mit Gewalt aufrechterhalten werden. So gerieten vermeintliche Gegner der Revolution schnell ins Visier der radikalen Revolutionäre: Einige unbedachte Äußerungen genügten bereits, um als „Feind der Republik" überführt zu werden.
Am 11. Oktober 1793 erließ der Sicherheitsausschuss folgende Bekanntmachung:

Q2 … Merkmale zur Kennzeichnung von Verdächtigen:
1. Wer Versammlungen des Volkes durch hinterhältige Reden und Zwischenrufe stört.
2. Wer die Großpächter und habgierigen Händler bedauert, gegen die Maßnahmen ergriffen wurden.
3. Wer dauernd die Worte Freiheit, Republik und Vaterland im Munde führt, aber mit ehemaligen Adligen verkehrt und an ihrem Schicksal Anteil nimmt.
4. Wer die republikanische Verfassung mit Gleichgültigkeit aufgenommen hat. …

1 *Bewertet die Maßnahmen der Ausschüsse (Verfassertext, Q1, 2).*
2 *Vergleicht sie mit der Erklärung der Menschenrechte (siehe S. 108).*

Das Ende der Revolution

2 **Verhör vor dem Revolutionsgericht.** Zeitgenössische Darstellung, 1793.

Vor dem Revolutionsgericht

Noch im gleichen Jahr wurde ein Revolutionsgericht gebildet, das die Feinde der Republik aburteilen sollte. Gegen seine Entscheidungen gab es keine Einspruchsmöglichkeiten.
In einem zeitgenössischen Bericht steht:

Q3 … Verhöre und Verteidigungen gibt es nicht mehr. Zeugen werden keine vernommen. Wer im Gefängnis sitzt, ist bereits zum Tode verurteilt.
Der öffentliche Ankläger kommt kaum mehr zur Ruhe. In einem Raum neben seinem Büro wirft er sich nachts für einige Stunden auf die Pritsche, um dann aufgeschreckt wieder an den Schreibtisch zu wanken … Es gibt Verhandlungen, wo 100 oder 150 Angeklagte schon vor der Verhandlung als schuldig in die Listen eingetragen wurden … Der eine Richter vertreibt sich die Zeit damit, Karikaturen der Angeklagten zu zeichnen, andere sind oft betrunken. …

Ein Mitglied des Wohlfahrtsausschusses erklärte später: „Wir wollten nicht töten, um zu töten. Wir wollten unsere Vorstellungen um jeden Preis durchsetzen." Ungefähr 500 000 Menschen wurden verhaftet, etwa 40 000 hingerichtet, darunter auch Kinder im Alter von zehn bis zwölf Jahren.

3 *Beschreibt die Abbildungen 1 und 2 (siehe Methode S. 106/107) und erklärt, welche Kritik sie an dem Vorgehen der Jakobiner und an dem Revolutionsgericht zum Ausdruck bringen.*

4 *Nennt Gründe, warum eine Einspruchsmöglichkeit gegen Gerichtsurteile notwendig ist.*

5 *Erörtert den Einsatz von Terror, um die „Feinde der Republik" zu bekämpfen.*

Ende des Terrors

Im Jahr 1794 konnten die zahlenmäßig überlegenen französischen Truppen ihre Gegner aus Frankreich vertreiben. Die Revolution schien gerettet. Die Mehrzahl der Abgeordneten im Nationalkonvent sah jetzt in der Fortführung der Terrorherrschaft keinen Sinn mehr. Am 27. Juli 1794 ließen sie Robespierre verhaften und am nächsten Tag hinrichten.
Ein Jahr später beschloss der Nationalkonvent eine neue, die dritte Verfassung der Revolution. Zuerst wurde die Gewaltenteilung, die Robespierre außer Kraft gesetzt hatte, wieder eingeführt. Außerdem erhielten die Bürger mit höherem Einkommen wieder größere Rechte bei den Wahlen. Die eigentlichen Regierungsgeschäfte wurden einem Direktorium* von fünf Konventsmitgliedern übertragen.
Den wirtschaftlichen Verfall konnte aber auch diese Regierung nicht aufhalten. Das Direktorium wurde daher bei der Bevölkerung immer unbeliebter. Schließlich konnte die allgemeine Ordnung nur noch mithilfe des Militärs aufrechterhalten werden. Am 9. November stürzte General Napoleon Bonaparte die Regierung und übernahm die Herrschaft (siehe S. 118). Dies war das Ende der Französischen Revolution.

*Die **Guillotine**, von Dr. Louis erfunden und von Dr. Guillotin für den Vollzug der Todesstrafe vorgeschlagen, erlangte während der Terrorherrschaft traurige Berühmtheit. An einem Tag wurden einmal 54 Enthauptungen in 28 Minuten durchgeführt.*

Direktorium*:
(von lat. dirigere = leiten). Bezeichnung für die Regierung Frankreichs von 1795 bis 1799. Das Direktorium bestand aus fünf Mitgliedern und stützte seine Macht hauptsächlich auf die Armee. Der Sturz des Direktoriums durch General Napoleon Bonaparte 1799 markiert das Ende der Revolution.

Lesetipp:
Inge Ott: Freiheit. Freies Geistesleben. Stuttgart 1996. Sechs Freunde erleben die Französische Revolution.

Der Aufstieg Napoleons

Hahn? Elefant? Löwe?
Die Wahl des Wappentiers für das Kaiserreich war Anlass für eine heftige Diskussion im Staatsrat. Im letzten Augenblick wählte Napoleon den Adler, der an das Wappen Karls des Großen und an die Feldzeichen der Römer erinnerte.

1 Zeitgenössische Darstellung Napoleons.

1799–1815:
Napoleon herrscht – zunächst als Konsul, dann als Kaiser – über Frankreich.

Napoleon: Vom unbekannten Offizier zum Kaiser der Franzosen

Nach dem Sturz Robespierres kehrte in Frankreich wieder Ruhe ein. Die Bevölkerung war allmählich der ständigen politischen Auseinandersetzungen überdrüssig. Man begann wieder dem gewohnten Alltagsleben nachzugehen.

Voller Erstaunen schrieb ein junger Mann aus Korsika, der sich zu dieser Zeit in Paris aufhielt, an seinen Bruder:

Q1 … Man lebt hier ziemlich ruhig. Im Theater wird ein wenig Lärm um die Melodien gemacht, die nach der Marseillaise klingen. Die Jugend scheint dieses Lied nicht zu wollen. Dieses Volk gibt sich dem Vergnügen hin: Tänze, Theaterstücke, Frauen, die hier die schönsten der Welt sind, werden zur Hauptsache. Wohlhabenheit, Luxus, guter Umgangston, alles ist zurückgekehrt. An die Schreckensherrschaft erinnert man sich nur wie an einen Traum. Was mich angeht, so bin ich zufrieden; mir fehlt nur der Kampf …

Der junge Mann hieß Napoleon Bonaparte. Er wurde am 15. August 1769 auf Korsika geboren. Im Alter von neun Jahren wurde er auf eine Schule nach Frankreich geschickt. Da er nur schlecht Französisch sprach, galt er unter seinen Mitschülern nicht viel. Mit 15 Jahren besuchte er die Pariser Militärschule. Aufgrund seiner hervorragenden Kenntnisse schloss er bereits nach einem Jahr die Ausbildung ab und wurde – noch 16-jährig – zum Offizier ernannt.

Napoleon stand von Anfang an auf der Seite der Revolutionäre. In den Kriegen führte er seine Soldaten durch rücksichtslosen Einsatz von Sieg zu Sieg. Schnell wurde er zum General befördert. Im Jahr 1796 erhielt er das Kommando über eine Armee, die in Oberitalien gegen die Österreicher kämpfen sollte. Wiederum hatte er Erfolg. Die Soldaten waren von ihm restlos begeistert und verehrten ihn.

Voller Selbstbewusstsein erklärte Napoleon 1797 einem Diplomaten:

Q2 … Glauben Sie vielleicht, dass ich eine Republik begründen will? Welcher Gedanke! Das ist eine Wahnvorstellung, in die die Franzosen vernarrt sind, die aber auch wie so manches andere vergehen wird. Was die Franzosen brauchen, das ist Ruhm, die Befriedigung ihrer Eitelkeiten; aber von Freiheit, davon verstehen sie nichts. Das Volk braucht einen Führer, einen durch Ruhm und Siege verherrlichten Führer, und keine Theorien übers Regieren, keine Phrasen und Reden der Ideologen.

Der Frieden liegt nicht in meinem Interesse. Sie sehen ja, was ich jetzt in Italien bin. Ist der Friede geschlossen und ich stehe nicht mehr an der Spitze des Heeres, so muss ich auf die Macht und auf die hohe Stellung, die ich erworben habe, verzichten.

Ich möchte Italien nur verlassen, um in Frankreich eine ebensolche Rolle zu spielen, wie sie mir hier zufällt. Dieser Augenblick ist aber noch nicht gekommen …

1 *Klärt mithilfe von Q2, welches Ziel Napoleon anstrebte.*

General Bonaparte beendet die Revolution

2 **Die Kaiserkrönung Napoleons. Napoleon krönt seine Frau, nachdem er sich selbst zum Kaiser gekrönt hat.** Gemälde von Jacques Louis David, 1804.

2 *Napoleon sagte: „Das Volk braucht einen Führer." Was meint ihr dazu?*

Napoleon I. – ein französischer Kaiser

Unbeirrbar verfolgte Napoleon sein Ziel, in Frankreich die gleiche Stellung zu erlangen, wie er sie bei der Armee hatte. Am 9. November 1799 drang er mit seinen Soldaten in das Parlamentsgebäude ein, setzte die Regierung ab und übernahm selbst die Regierungsgewalt. Nach diesem Staatsstreich wurde er zum Ersten Konsul ernannt; er hielt damit die Macht in seinen Händen.

Zu den ersten Maßnahmen Napoleons gehörte die Reform der Rechtsprechung. Zu seiner Zeit gab es noch mehr als 300 verschiedene Gesetzessammlungen, nach denen ein Fall vor Gericht entschieden werden konnte. Napoleon ersetzte sie durch ein einziges großes Gesetzeswerk, den so genannten Code Napoléon*. Damit wurde die Forderung der Revolution nach Gleichheit aller Bürger vor dem Gesetz verwirklicht. Dieses Gesetzbuch wurde auch zur Grundlage des Bürgerlichen Gesetzbuches in Deutschland. Auch andere Ergebnisse der Revolution blieben unter seiner Herrschaft erhalten, so

- das Recht aller Bürger auf persönliche Freiheit,
- der Schutz des Eigentums,
- die Besteuerung nach dem Vermögen des Steuerpflichtigen.

Die wirtschaftliche Lage verbesserte sich zusehends. Das Verkehrsnetz wurde weiter ausgebaut, große Ausgaben wurden gemacht zum Aufbau einer starken Industrie, die außerdem durch hohe Einfuhrzölle vor Waren aus dem Ausland geschützt wurde. Nach weiteren militärischen Erfolgen ließ sich Napoleon schließlich im Jahr 1804 von seinen Anhängern zum Kaiser der Franzosen ausrufen.

3 *Betrachtet die Abbildung 2 und überlegt, was sie über die Herrschaft Napoleons aussagt.*

4 *Charakterisiert mithilfe der Materialien dieser Doppelseite die Person Napoleons.*

Code Civil/ Code Napoléon*:
Die Gesetzessammlung trat 1804 in Kraft und bildete einen der Hauptpfeiler, auf denen Napoleons Macht ruhte. Seine 2281 Artikel sicherten unter anderem die in der Revolution erworbenen Freiheiten und Rechte und dienten den meisten europäischen Staaten als Vorbild.

Staaten kommen und gehen

1 **Napoleon als Königsbäcker*.** Aus dem Ofen zieht er gerade die Könige von Bayern und Württemberg sowie den Großherzog von Baden. Karikatur von James Gillray, 1806.

Napoleon als Königsbäcker*: *Über dem Ofenloch steht „Ofen für kaiserliche Pfefferkuchen". Auf der Kommode rechts warten „Teigvizekönige" darauf, gebacken zu werden. Im Korb links befinden sich „korsische Vizeköniglein", womit Napoleons Verwandte gemeint sind. Ins Ascheloch ist der „Abfall" der von Napoleon entmachteten Fürsten gekehrt. Im Hintergrund am Backtrog steht Napoleons Außenminister und „knetet" Polen, Ungarn und die Türkei „politisch durch".*

„Aus allen Völkern Europas muss ich ein Volk machen"

Mit der Krönung im Jahr 1804 trug seit über 900 Jahren nicht allein ein deutscher Herrscher die Kaiserkrone, sondern auch der Franzose Napoleon. Und dieser wusste von Anfang an genau, was er wollte.

Napoleon über seine außenpolitischen Ziele:

Q1 … Europa wird nicht zur Ruhe kommen, bevor es nicht unter einem einzigen Oberhaupte steht, unter einem Kaiser, der Könige als seine Beamte hat und der seinen Generälen Königreiche gibt.
Wir brauchen ein europäisches Gesetz, einen europäischen Gerichtshof, eine einheitliche Münze, die gleichen Gewichte und Maße. Wir brauchen dieselben Gesetze für ganz Europa … Aus allen Völkern Europas muss ich ein Volk machen und aus Paris die Hauptstadt der Welt …

Drei Millionen Menschen erhalten neue Herrscher

Als die französischen Truppen deutsche Gebiete eroberten, begann damit eine völlige Umgestaltung des Deutschen Reichs. Schon im Jahr 1801 hatten die deutschen Fürsten sich damit einverstanden erklärt, dass die von Napoleons Soldaten eroberten Gebiete links des Rheins auf Dauer zu Frankreich gehören sollten. Für deutsche Fürsten, die dadurch Gebiete verloren hatten, wurde 1803 eine Entschädigung vereinbart:

- Geistliche Landesherren wurden enteignet. Die Gebiete verteilte man an weltliche Fürsten. Diesen Vorgang nannte man Säkularisation*.
- Fast alle Reichsstädte und zahllose Kleinstaaten teilte man mächtigeren Landesherren zu. Der Fachbegriff dafür heißt „Mediatisierung*".

Etwa 300 kleine Herrschaftsgebiete verschwanden so von der Landkarte. Drei Millionen Menschen wurden neuen Herrschern un-

Säkularisation*: *(lat. saecularis = weltlich). Der Begriff bezeichnet einen Vorgang, bei dem kirchliche Besitztümer vom Staat eingezogen und an weltliche Fürsten verteilt werden. Säkularisationen fanden z. B. während der Reformation, der Französischen Revolution und in Europa unter Napoleon statt.*

Mediatisierung*: *Aufhebung der Reichsunmittelbarkeit weltlicher Herrscher und ihre Unterstellung unter einen Landesherren.*

Die neue Landkarte Deutschlands

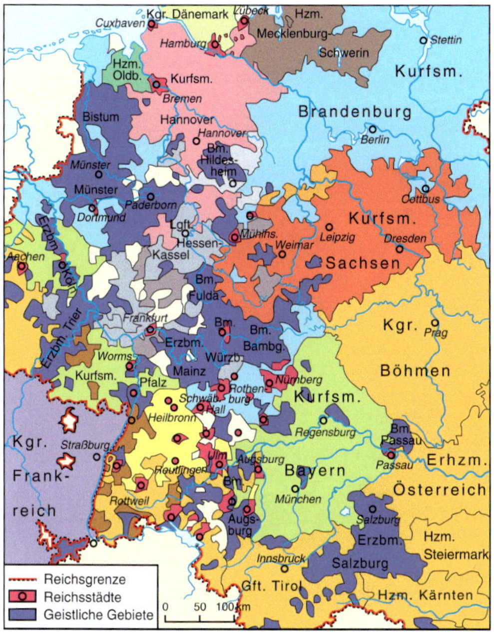

2 Mitteleuropa vor 1803.

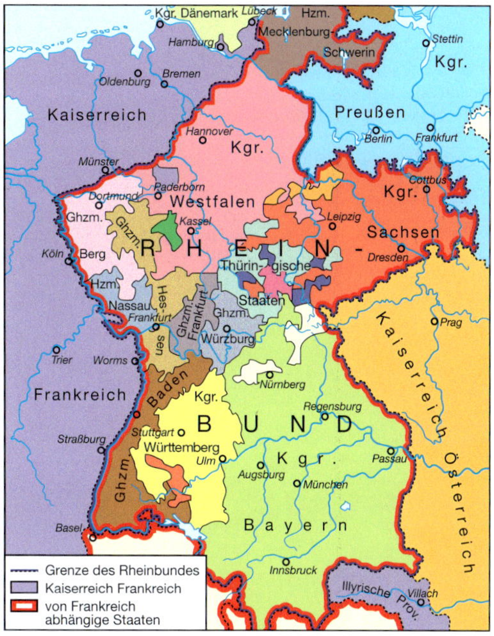

3 Mitteleuropa nach 1806.

terstellt. Später erhob Napoleon die Fürsten von Bayern, Sachsen und Württemberg zu Königen.

1 *Nennt die außenpolitischen Ziele Napoleons im Einzelnen.*

2 *Ein „Vereintes Europa" ist auch heute ein wichtiges politisches Ziel. Berichtet, was ihr darüber wisst.*

3 *Worin unterscheiden sich Napoleons Vorstellungen von einem „Vereinten Europa" grundlegend von den politischen Zielen heute?*

4 *Die Karikatur (Abbildung 1) setzt sich mit den Ereignissen 1803/06 auseinander. Erklärt die Karikatur mithilfe der Methode von S. 106/107. Nehmt auch die Informationen der Randspalte von S. 120 zu Hilfe.*

Ende des Heiligen Römischen Reichs

Im Jahr 1806 schlossen sich 16 deutsche Fürsten mit ihren neuen Gebieten unter der Vorherrschaft Napoleons zum Rheinbund* zusammen. Die Rheinbundstaaten erkannten Napoleon als ihren Schutzherrn an. Sie verpflichteten sich, Frankreich im Bedarfsfall mit Truppen zu unterstützen. Gleichzeitig erklärten sie ihren Austritt aus dem Heiligen Römischen Reich Deutscher Nation*. Auf diese Nachricht hin und unter dem Druck Napoleons verzichtete Franz II. auf die deutsche Kaiserkrone und nannte sich nur noch „Kaiser von Österreich". Das war das Ende des Heiligen Römischen Reichs nach einer fast tausendjährigen Geschichte.

Französische Herrschaft in Deutschland

Die Herrschaft Napoleons in den deutschen Staaten wurde durch seine Truppen gesichert. Unerbittlich ließ Napoleon jeden Widerstand niederschlagen. So schrieb er an seinen Gouverneur in Kassel:

Q2 … Entwaffnen Sie das Land durchaus, dass nicht eine Kanone, nicht eine Flinte darin bleibe. Im Übrigen kann man das Land mit Milde behandeln, allein, wenn sich die geringste Bewegung irgendwelcher Art zeigt, geben Sie ein fürchterliches Beispiel. Das erste Dorf, welches sich muckst, soll geplündert und verbrannt werden …

5 *Vergleicht die Karten 2 und 3 und beschreibt die Veränderungen. Nehmt auch die Informationen in der Randspalte dazu zu Hilfe.*

6 *Welche Vorteile und welche Nachteile brachte die Neuordnung Deutschlands mit sich?*

Gebiets- und Bevölkerungsverluste bzw. -gewinne deutscher Staaten 1806

Baden:
+ 2000 km²
– 450 km²

+ 240 000 Menschen
– 30 000 Menschen

Württemberg
+ 150 000 km²
– 400 km²

+ 120 000 Menschen
– 30 000 Menschen

Preußen:
+ 12 000 km²
– 2000 km²

+ 600 000 Menschen
– 140 000 Menschen

Bayern:
+ 14 000 km²
– 10 000 km²

+ 850 000 Menschen
– 600 000 Menschen

Rheinbund*:
Im Jahr 1806 traten 16 deutsche Reichsstädte und Fürstentümer aus dem Deutschen Reich aus. Sie gründeten den Rheinbund, dessen Schutzherr Napoleon war.

Heiliges Römisches Reich Deutscher Nation*:
Bezeichnung für den Herrschaftsbereich der deutschen Kaiser vom Mittelalter bis zum Jahre 1806. Der Name des Reiches leitet sich vom Anspruch der mittelalterlichen Herrscher ab, die Tradition des antiken Römischen Reiches fortzusetzen.

Das Ende der Herrschaft Napoleons

1 **Rückzug aus Russland.** Gemälde von Adolf Northen, 19. Jahrhundert.

Moskau in Flammen

Im Jahr 1811 stand Napoleon auf dem Höhepunkt seiner Macht. Unumschränkter Herrscher war er über Frankreich, die deutschen Staaten und weite Teile Europas. Es gab nur noch einen mächtigen Herrscher in Europa, der sich seinen Anordnungen widersetzte – Zar Alexander I. von Russland.

Am 24. Juni 1812 brach Napoleon mit dem größten Heer, das es jemals gegeben hatte, der Grande Armée, nach Moskau auf. Mit etwa 600 000 Soldaten wollte er in einer großen Schlacht zu einem schnellen Sieg kommen. Doch der Feldzug wurde zu einer einzigen Katastrophe. Die russischen Generäle wichen direkten Schlachten aus und zogen sich immer weiter ins Landesinnere zurück. Dabei verwüsteten und zerstörten sie alles, was den Feinden nützlich sein konnte. So fanden die französischen Truppen auf ihrem Vormarsch nach Moskau nur verödete Felder, vereinsamte Dörfer und Städte und verbrannte Häuser vor.

Nach zweieinhalb Monaten erreichte die französische Armee Moskau. Hier wollte sie ihr Winterquartier beziehen. Doch die russische Hauptstadt stand in Flammen. Schutzlos waren Napoleons Soldaten jetzt dem harten russischen Winter ausgeliefert.

„Mit Mann und Ross und Wagen"

Napoleon musste den Rückzug befehlen. Halb verhungert, von eisiger Kälte geschwächt, traten die Soldaten den langen Rückweg an.

Nun gingen die russischen Truppen zum Angriff über. Sie zwangen Napoleon dazu, den Weg zu nehmen, auf dem er nach Russland gezogen war. Den pausenlosen Angriffen waren Napoleons Truppen fast hilflos ausgeliefert.

Von etwa 600 000 Soldaten kehrten nur etwa 30 000 in die Heimat zurück. Zerlumpt, ausgemergelt, viele todkrank, so erreichten sie die deutsche Grenze.

1 *Beschreibt die Darstellung Napoleons in Abbildung 1. Erläutert die Absicht des Malers.*

2 *Auf der Abbildung 1 seht ihr viele Soldaten. Versucht, mögliche Gedanken eines der Soldaten aufzuschreiben.*

3 *Begründet mithilfe des Textes, warum die Russen Napoleon durch ihre Angriffe zwangen, den Rückzug auf dem gleichen Weg anzutreten, auf dem die Grande Armée nach Moskau gezogen war.*

Befreiungskriege

Mit der vernichtenden Niederlage Napoleons war der Augenblick gekommen, den die Menschen in ganz Europa herbeigesehnt hatten.

Das Ende der Herrschaft Napoleons

2 **Aufstieg und Fall Napoleons.** Auf den Stufen steht von links nach rechts: Corsischer Knabe, Militärschüler, Glücksritter zu Paris, General, Herrscher, Großherrscher, Abschied aus Spanien, Schlittenfahrt aus Moskau, Lebewohl aus Deutschland, Ende. In der Mitte unten steht: Fortdauer nach dem Tode. Deutsche Karikatur, 1814.

Der Freiheitskampf brach in voller Stärke aus. Ein neues Nationalbewusstsein* wurde vor allem in Deutschland zur beherrschenden Kraft des Widerstandes gegen Napoleon.
In einem Aufruf an alle Deutschen hieß es:

Q1 … Nicht Bayern, nicht Braunschweiger, nicht Hannoveraner, nicht Hessen, nicht Holsteiner, nicht Österreicher, nicht Preußen, nicht Sachsen und nicht Schwaben. Alles, was sich deutsch nennen darf – nicht gegeneinander, sondern: Deutsche für Deutsche. …

Auch der preußische König konnte sich der nationalen Begeisterung nicht entziehen und erklärte im März 1813 Frankreich den Krieg. Tausende junge Leute meldeten sich freiwillig, und die Dichter feierten den Krieg gegen Napoleon als „heiligen Krieg".

4 *Erklärt den Begriff „Nationalbewusstsein" mithilfe von Q1. – Zieht auch die Begriffserklärung in der Randspalte heran.*

Der letzte Flug des Adlers
Um den Widerstand im Keim zu ersticken, zog Napoleon mit seinen Truppen sofort nach Deutschland. Am 16. Oktober 1813 kam es bei Leipzig zur Schlacht, die Napoleon verlor. Bald darauf wurde er gezwungen, abzudanken. Er wurde auf die Mittelmeerinsel Elba verbannt.
Im Jahre 1815 kehrte Napoleon noch einmal nach Frankreich zurück. Innerhalb weniger Wochen gelang es ihm, ein Heer aufzustellen, das aber in der Schlacht von Waterloo im heutigen Belgien von einem englisch-preußischen Heer endgültig besiegt wurde. Napoleon wurde auf die kleine Insel St. Helena im Südatlantik gebracht, wo er 1821 starb.

5 *Verfasst mithilfe der Karikatur (Abbildung 2) und der Bildunterschrift einen Lebenslauf Napoleons in Form einer Tabelle. Benutzt zum Lesen der Karikatur die Seiten 106/107.*

6 *Informiert euch über das Völkerschlachtdenkmal (siehe Randspalte). Wofür steht es in der Geschichte und welche Rolle spielt es in der Gegenwart?*

Völkerschlachtdenkmal Leipzig. *Erbaut 1898 bis 1913.*

Internettipp:
Informationen zum Völkerschlachtdenkmal findet ihr im Internet: ***www.voelkerschlachtdenkmal.de***

16.–19. Oktober 1813:
Völkerschlacht bei Leipzig. Zusammen mit deutschen Soldaten kämpften hier auch Truppen aus Österreich, England und Schweden.

1815:
Schlacht bei Waterloo und Verbannung Napoleons.

Nationalbewusstsein*:
Als Nationalbewusstsein wird das im 19. Jahrhundert aufkommende Denken bezeichnet, das für die Angehörigen einer Nation einen gemeinsamen Staat fordert.

Zum Weiterlesen: Wie Gerard zu den Soldaten kam

Sommer 1805 im Bergischen Land: Es ist die Zeit, da die Truppen Napoleons über die Länder Europas herfallen. Der 14-jährige Gerard hat die einzige Kuh verkauft, um Arzt und Medizin für den kranken Vater bezahlen zu können. Das Geld hat er unter seiner Kappe versteckt. Auf dem Heimweg fällt er kaiserlichen Husaren in die Hände.

Plötzlich hörte er Hufschlag, und fast im selben Augenblick sah er über der Kuppe der kleinen Anhöhe den Kopf eines Reiters auftauchen. Gerard hielt den Atem an. Zur Flucht war es schon zu spät. Links und rechts nur freies Gelände, das Buchengebüsch zu weit weg, als dass er ungesehen hätte hingelangen können. Wie angewurzelt war der Junge stehen geblieben und stützte sich auf den Stecken, als wolle er ausruhen. Er sah zu, wie auf der Anhöhe langsam die Gestalt eines grün gekleideten schnauzbärtigen Reitersmannes mit einem seltsam hohen Hute heranwuchs. Über einer Schulter trug er eine pelzverbrämte Jacke, seine dunkelgrüne Uniform war mit schwarzen Schnüren verziert, an seinem hohen Hute baumelte eine lange Troddel. Er saß auf einem feingliedrigen Rappen mit glänzendem Fell, das eine leuchtend rote Schabracke zierte. Neben seinem linken Steigbügel lief ein kleiner Junge von annähernd sechs Jahren, der die Hand ausstreckte und auf Gerard zeigte. Aber der Soldat hatte ihn bereits gesehen.

Hinter ihm und seinem Pferd tauchten nach und nach vier armselige, bloßfüßige Gestalten in zerrissenen Leinenkitteln auf, die Hände auf den Rücken gebunden, die Köpfe gesenkt. Dahinter zwei weitere uniformierte Reitersleute. Gerard wusste sofort, was die Stunde geschlagen hatte …

„He, Milchbart“, rief ihm der Reiter schon von weitem zu, „was treibt dich uns in den Weg?“ Er redete in einer Sprache, die fremd in Gerards Ohren klang und die er nur schwer verstand … Immerhin aber begriff Gerard den Sinn der Worte und er antwortete: „Ich will auf Waldbröl an, Herr Soldat.“ …

„Herr Soldat, Herr Soldat!“, rief der Reitersmann. „Ich bin kaiserlicher Wachtmeister der Barko-Husaren! Wenn man mit mir spricht, hat man die Kappe abzunehmen, Bauernlümmel!“

Gerard fuhr der Schreck in den Bauch, es war ihm, als müsse er auf der Stelle zusammensinken. Hinter dem Soldaten jedoch kam Gelächter auf und trieb ihn zu weiteren Späßen an. „Oder musst du die Läuse warm halten?“, rief er …

Auf des Soldaten Frage wusste Gerard nichts zu antworten; er zuckte lediglich mit den Schultern. Schnell war da der Wachtmeister mit seiner Reitgerte zur Stelle und wischte Gerard die Kappe vom Kopf. Im selben Moment versiegte sämtliches Gelächter. Alle starrten auf den Leinensack, der mit der Kappe zu Boden geplumst war …

Wie sich Gerard durchs Leben schlägt, könnt ihr weiterlesen bei Klas Ewert Everwyn: Für fremde Kaiser und kein Vaterland. Verlag Friedrich Oetinger, Hamburg 1994.

Zusammenfassung

Die bürgerliche Revolution
Obwohl der Staat, den Ludwig XVI. übernahm, hoch verschuldet war, gab er nicht weniger Geld aus als seine Vorgänger. Das Volk litt unter der hohen Abgabenlast. Immer häufiger erschienen Flugblätter, die darauf hinwiesen, dass das Volk frei und alle Menschen gleich seien.
Schließlich war Ludwig XVI. nicht mehr in der Lage, seine enormen Ausgaben zu decken. In seiner Not berief der König die Vertreter der drei Stände ein, um sich höhere Steuern bewilligen zu lassen. Die Vertreter des dritten Standes erklärten sich zur Nationalversammlung, da sie mehr als 95 Prozent der Bevölkerung zählten. Im August 1789 wurden die Menschenrechte verkündet. Nach einem gescheiterten Fluchtversuch 1791 galt der König als gefährlichster Feind der Revolution. Am 21. Januar 1793 wurde er auf Beschluss des Nationalkonvents hingerichtet.
Um ihre Ziele zu verwirklichen, gingen die Revolutionäre immer radikaler vor. Die Schreckensherrschaft der Jakobiner fand erst mit der Hinrichtung von Robespierre ein Ende. 1795 stellte eine neue Verfassung die Dreiteilung der Gewalten wieder her. Ein Direktorium führte die Regierungsgeschäfte.

Napoleon verändert Europa
Nachdem Napoleon sich zum Kaiser gekrönt hatte, ließ er keinen Zweifel an seinen außenpolitischen Zielen: Er wollte Europa unter seiner Führung vereinen. Deutschland wurde von Napoleon bezwungen, mit Truppen besetzt und umgestaltet. Aufgrund dieser Umgestaltung zerfiel 1806 das „Heilige Römische Reich Deutscher Nation", und Kaiser Franz II. verzichtete auf die deutsche Kaiserkrone.
Der Widerstand gegen die Herrschaft Napoleons regte sich seit 1808 überall in Europa. Napoleons Überfall auf Russland leitete schließlich seinen Untergang ein. Preußen, Russland, Schweden, England und Österreich schlossen ein Bündnis gegen Frankreich. Ein neues Nationalbewusstsein wurde vor allem in Deutschland zur beherrschenden Kraft des Widerstands gegen Napoleon. Nach der Völkerschlacht bei Leipzig (1813) konnte Napoleon aus Deutschland vertrieben werden.
1814 zogen preußische und russische Truppen in Paris ein und zwangen Napoleon, abzudanken. Er starb 1821 auf der Insel St. Helena in der Verbannung.

14. Juli 1789

Das Volk von Paris stürmt die Bastille.

1791

Die Nationalversammlung verabschiedet die neue Verfassung.

1803–1806

Das Heilige Römische Reich Deutscher Nation löst sich auf.

1812/13

Napoleons „Große Armee" wird in Russland besiegt. Die Befreiungskriege beginnen.

Check: Das solltet ihr wissen

Arbeitsbegriffe

- ✓ Dritter Stand
- ✓ Nationalversammlung
- ✓ Sturm auf die Bastille
- ✓ Republik
- ✓ Verfassung 1791
- ✓ Terrorherrschaft der Jakobiner
- ✓ Direktorium
- ✓ Herrschaft Napoleons
- ✓ 1806: das Ende des Heiligen Römischen Reiches

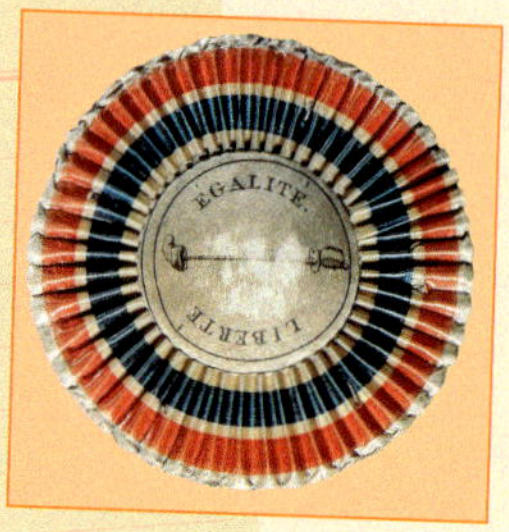

Was wisst ihr noch?

1 Fasst die Missstände, die im 18. Jahrhundert in Frankreich herrschten, stichwortartig zusammen.
2 Warum beruft Ludwig XVI. im Jahr 1789 die Generalstände ein?
3 Erklärt die Vorgänge, die sich am 20. Juni 1789 im Ballhaus von Paris zugetragen haben.
4 Welche Bedeutung hat der 14. Juli 1789 für die Franzosen?
5 Wer übernahm nach der Hinrichtung Ludwigs XVI. die Macht in Frankreich?
6 Schreibt einen Steckbrief über Napoleon.
7 Beschreibt die Auswirkungen von Napoleons Herrschaft auf das Deutsche Reich.

Tipps zum Weiterlesen

Georg Popp (Hg.): Die Großen der Menschenrechte. Arena, Würzburg 1996.

Louisa M. Alcott: Betty und ihre Schwestern. Arena, Würzburg 1996.

Josef Holub: Der Russländer. Oetinger, Hamburg 2002.

Klas Ewert Everwyn: Für fremde Kaiser und kein Vaterland. Oetinger, Hamburg 2001.

Karla Schneider: Die abenteuerliche Geschichte der Filomena Findeisen. Beltz & Gelberg, Weinheim 1996.

Waltraut Lewin: Die letzte Rose des Sommers. Loewe, Bindlach 2005.

Inge Ott: Im Schatten des Adlers. Freies Geistesleben, Stuttgart 1997.

Dörte Damm: Daphne Wildermuth. Die Tochter des Jakobiners. Ueberreuter, Wien 2003.

Check: Das solltet ihr können
Erklären – zuordnen – berichten – erkunden

1 *In den folgenden Text haben sich neun Fehler eingeschlichen. Findet sie und schreibt den Text richtig in euer Heft ab.*

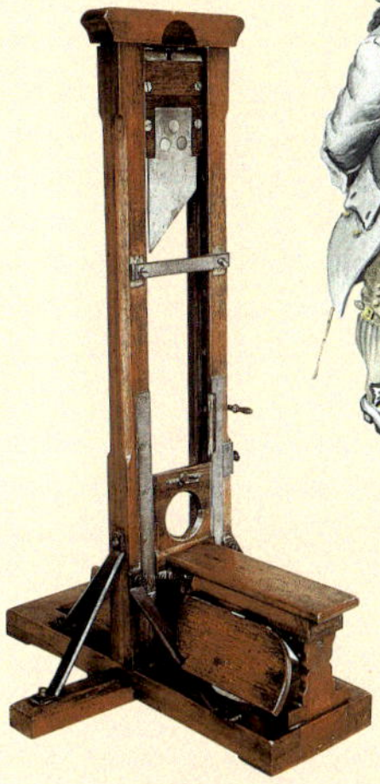

Als Ludwig XVI. König von Frankreich wird, ist das Land bereits hoch verschuldet. In den folgenden Jahren verringern sich die Schulden um das Dreifache.

Adel und hohe Geistlichkeit, die dem dritten Stand angehören, genießen alle Privilegien und führen ein aufwändiges Leben. Die dafür notwendigen Gelder werden vom ersten und zweiten Stand aufgebracht. Während Ludwig das Geld mit vollen Händen ausgibt, hungert das Volk. In Paris stürmen Arbeiter und Handwerker die Bäckerläden.

In dieser Situation beruft der König die Vertreter aller drei Stände nach Versailles ein. Sie sollen über eine Lösung der Finanzkrise beraten. Die Vertreter des ersten und zweiten Standes wehren sich gegen das ungerechte Abstimmungsverfahren. Sie ziehen ins Ballhaus und erklären sich als die wahren Vertreter des französischen Adels zur Nationalversammlung.
Am 1. Mai 1789 stürmen die Pariser das Schloss des Königs. Im August 1789 wird der Code Napoléon verkündet. 1791 legt die Nationalversammlung eine neue Verfassung fest, die die Macht des Königs erweitert.
Obwohl der König 1791 zu fliehen versucht, darf er vorläufig im Amt bleiben. Im Januar 1793 wird er jedoch als Freund der Revolution hingerichtet.
Der Wohlfahrtsausschuss unter der Leitung Robespierres übt in der Folgezeit eine Terrorherrschaft aus. Sie endet erst mit der Hinrichtung Robespierres 1794. Ein Direktorium übernimmt nun die Regierung.

2 Welcher Begriff passt nicht in die Reihe?
- Brüderlichkeit – Freizügigkeit – Gleichheit – Freiheit
- Versailles – Bastille – Ballhaus – Notre Dame
- Reichsregierung – Generalstände – Nationalversammlung – Wohlfahrtsausschuss
- Ludwig XVI. – Robespierre – Marie Antoinette – Colbert

4 *Durch den Sturm auf die Bastille wurden nur sieben Gefangene befreit. Keiner der Häftlinge war aus politischen Gründen inhaftiert worden. Trotzdem ist der 14. Juli, der Tag der Erstürmung der Bastille, französischer Nationalfeiertag. Wie ist das zu erklären?*

3 Ordnet die folgenden Ereignisse in der zeitlichen Reihenfolge und schreibt einen Bericht aus der Sicht eines Zeitzeugen:

Sturm auf die Bastille – Hinrichtung Ludwigs XVI. – Ballhausschwur – Forderungen des dritten Standes – ungleiche Verteilung der Rechte und Pflichten – Erklärungen der Menschenrechte – Reformbemühungen des Königs scheitern – Zeit des Terrors – Wahl der Nationalversammlung

Altsteinzeit

Bronzezeit

Jungsteinzeit

Altertum

2 Millionen

3000 v. Chr.

Christi Geburt

Rom

753 v. Chr.	Gründung Roms (Sage)
510 v. Chr.	Beginn der Römischen Republik
um 250 v. Chr.	Rom ist stärkste Landmacht im Mittelmeerraum
44 v. Chr.	Ermordung Caesars
31 v.–14 n. Chr.	Herrschaft des Kaisers Augustus (Prinzipat)
117 n. Chr.	Größte Ausdehnung des Römischen Reiches
1.–3. Jh. n. Chr.	Errichtung des Limes
3. Jh. n. Chr.	Germanen dringen ins Römische Reich ein

Bronzezeit

um 2200 v. Chr.	Ausdehnung der Bronzetechnik bis Mitteleuropa
um 1600 v. Chr.	Himmelsscheibe von Nebra

8000 v. Chr.	Erster Getreideanbau und erste Tierhaltung im Vorderen Orient

vor ca. 5 Mio. Jahren	Vormensch entwickelt sich
vor ca. 2,5 Mio. Jahren	Auftreten des Frühmenschen
vor ca. 130 000 Jahren	Neandertaler in Europa

In der gesamten Altsteinzeit lebten die Menschen als Jäger und Sammler.

Ägypten

3000 v. Chr.	Das Ägyptische Reich entsteht
2500 v. Chr.	Bau der großen Pyramiden
um 1340 v. Chr.	Pharao Tutanchamun

Mittelalter — *Neuzeit*

500 n. Chr. · 1100 · 1300 · 1500

Vom Frankenreich zum Reich der Deutschen

722–804	Sachsenkriege
800	Kaiserkrönung Karls des Großen in Rom
814	Tod Karls des Großen

Reich der Deutschen

919	Wahl Heinrichs I. zum ersten deutschen König
936–973	Otto I.
950–1250	Romanische Kirchen und Klöster werden errichtet
955	Sieg über die Ungarn auf dem Lechfeld
962	Otto I. wird in Rom zum Kaiser gekrönt
1095	Papst Urban II. ruft zum Kreuzzug auf
1099	Eroberung Jerusalems

Leben im Mittelalter

seit dem 8. Jh.	Ausbreitung des Mönchstums; viele Orden, zahllose Klöster
800–1000	Aus der Mehrzahl der freien Bauern werden Unfreie
seit 1096	Ausgrenzung und Verfolgung der Juden
10.–12. Jh.	Entstehung des Ritterstandes
12. Jh.	Im Reich der Deutschen gibt es 19 000 Burgen
12. und 13. Jh.	Aufstieg der Fürsten zu Landesherren/ Besiedlung der Gebiete östlich der Elbe (Deutsche Ostsiedlung)

Städte in Europa

12.–15. Jh.	In Europa entstehen zahlreiche Städte
seit 1300	Gotische Kirchen werden in ganz Europa errichtet
1300–1400	Zünfte erkämpfen sich in zahlreichen Städten ein Mitspracherecht

Neuzeit

1500 1600

Entdecker und Eroberer

14./15. Jh.	Ein neues Bild von der Erde entsteht
1492	Kolumbus sucht den Westweg nach Indien und entdeckt Amerika
1498	Vasco da Gama entdeckt Seeweg nach Indien
Ab 1500	Europäische Herrschaft in den Kolonien
1519	Spanier erobern Reiche der Azteken und Inkas

Reformation und Glaubenskriege

1483–1546	Martin Luther
1517	Veröffentlichung der Wittenberger Thesen gegen den Ablass; Beginn der Reformation
1521	Reichstag zu Worms; der Kaiser verhängt die Reichsacht über Luther (Wormser Edikt)
1525	Bauernkrieg

1555	Augsburger Religionsfriede
145–1563	Konzil von Trient
1618–1648	Dreißigjähriger Krieg

1700 1800

Der Absolutismus Ludwigs XIV.

1643–1715	Ludwig XIV., König von Frankreich
Seit dem 17. Jh.	Merkantilismus wird vorherrschende Wirtschaftsform

Aufgeklärter Absolutismus in Anhalt-Dessau

1700	Zeitalter der Aufklärung beginnt
1758–1817	Leopold III. Friedrich Franz, Fürst und Herzog von Anhalt-Dessau
1774	Gründung des Philanthropinums
1764–1813	Entstehung des Dessau-Wörlitzer Gartenreichs

Französische Revolution

1789	Versammlung der Generalstände
1789	Sturm auf die Bastille
1789	Erklärung der Menschenrechte
1791	1. Verfassung
1793/94	Schreckensherrschaft

1799	Napoleon übernimmt die Herrschaft
1804	Kaiserkrönung Napoleons
1807	Preußische Reformen
1812	Napoleons Feldzug nach Russland

Gewusst wie ...

Internetrecherche

... und so wird's gemacht:

1. Schlagwort finden
Wenn ihr z. B. wissen wollt, welche Bedeutung Klöster im Mittelalter hatten, müsst ihr euch ein passendes Stichwort überlegen. Unter dem Stichwort „Mittelalter" erhaltet ihr sehr viele Hinweise, müsst aber endlos suchen, bis ihr bei eurem Thema seid. Wie könnte ein gutes Stichwort lauten?

2. Suchmaschine benutzen
Im Internet gibt es mehrere Anbieter von Suchmaschinen, bei denen ihr euer Stichwort nur eingeben müsst, dann durchforstet die Suchmaschine für euch alle Internetseiten. Ihr erhaltet dann eine Liste der passenden Internetseiten zu eurem Stichwort. Die bekanntesten Suchmaschinen sind: *www.yahoo.de, www.lycos.de, www.google.de*.

3. Stichwort eingeben
Wenn ihr zu eurem Stichwort keine Einträge bekommt, solltet ihr die Rechtschreibung überprüfen. Wenn ihr euer Schlagwort falsch eingegeben habt, kann die Suchmaschine nichts finden. War dies nicht der Fall, so müsst ihr euch ein anderes Stichwort überlegen.Solltet ihr aber mehrere hundert Einträge angezeigt bekommen, so ist euer Stichwort zu allgemein. Versucht ein neues, genaueres zu finden oder gebt eine kombinierte Suche ein, indem ihr nach zwei Stichwörtern gleichzeitig suchen lasst.

4. Aus dem Angebot auswählen
Jetzt habt ihr eine Reihe von Einträgen, und normalerweise stehen noch ein paar Angaben dabei. So könnt ihr einen Teil der Adressen gleich aussortieren, weil es hier nicht genau um das geht, was ihr gesucht habt. Die übrigen Seiten könnt ihr jetzt aufrufen, indem ihr die Internetadresse anklickt.

Ein Museum erkunden

... und so wird's gemacht:

1. Inhaltliche und organisatorische Vorbereitung
- Wählt ein Museum aus, das erkundet werden soll. Vereinbart einen Termin zur Erkundung.
- Stellt fest, welche Angebote das Museum für Schülerinnen und Schüler anbietet und ob ihr diese nutzen wollt (z. B. allgemeine Führung, thematische Führung, Aktionen und Projekte).
- Bereitet Fragen vor, z. B.:
  - Welche Objekte sind für die Lebenswelt des Spätmittelalters interessant?
  - Was wollt ihr darüber erfahren?
- Wie wollt ihr eure Ergebnisse während der Erkundung festhalten (Arbeitsblatt erstellen, Notizen machen)?
- Wer fotografiert die Exkursion?
- Wer begleitet die Erkundung?

2. Das Museum selbstständig entdecken und erforschen
- Teilt euch in Lerngruppen auf. Findet die Ausstellungsobjekte und dokumentiert, was ihr seht.
- Setzt euch mit den Ausstellungstafeln auseinander und löst entsprechende Arbeitsblätter.

3. Auswertung des Besuchs
- Berichtet vor der Klasse über den Museumsbesuch und stellt dabei eure Erkenntnisse vor.
- Findet Antworten auf folgende Fragen:
  - Warum ist es wichtig, Dinge aus der Vergangenheit zu sammeln?
  - Was habt ihr durch die Erkundung für euch gelernt?
- Sichert eure Erkenntnisse (z. B. Wandzeitung gestalten, Informationstext für die Internetseite der Schule schreiben).

Bauwerke erkunden und erklären

... und so wird's gemacht:

1. Erste Eindrücke beschreiben
- Haltet erste Eindrücke als Bericht, Zeichnung oder Foto fest: Lage, Raumwirkung innen/außen, Fenster, Ausstattung (Altäre, Figuren, Malereien usw.).

2. Informationen sammeln
- Informiert euch über die Baugeschichte (Bibliothek, Internet, Pfarrer).
- Wann begonnen? Nach welchen Vorbildern?

3. Den gesamten Bau und einzelne Teile erklären
- Erklärt ausgewählte Bauteile, Figuren und Symbole.
- Welche Bedeutung haben sie?
- Weshalb wurden sie hergestellt?
- Was wollten die Baumeister oder Künstler ausdrücken?

4. Eigene Meinung sagen
- Was gefällt euch ganz besonders?
- Was beeindruckt weniger?
- Was versteht ihr nicht, sodass ihr noch weitere Informationen einholen müsst?

… arbeiten mit Methode

Einen Sachtext verstehen

Sachtexte zu lesen und zu verstehen, ist fast ein Kinderspiel – wenn ihr einige Regeln beachtet:

… und so wird's gemacht:

1. Schlüsselwörter notieren

Lest euch den Text mehrmals durch und schreibt euch einige wichtige Begriffe auf, deren Bedeutung euch nicht ganz klar ist.

- Informiert euch darüber in einem Lexikon oder im Internet.

2. Die W-Fragen stellen

Einen guten Überblick kann man sich verschaffen, wenn man die fünf W-Fragen stellt:

Wer? (Um wen geht es?) …
Wo?
Wann? (möglichst genaue Zeitangabe)
Was?
Warum?

3. Text in Abschnitte gliedern

Versucht den Text in mehrere Abschnitte zu gliedern und findet für die einzelnen Abschnitte passende Überschriften.
Abschließend könnt ihr selbst noch einen kleinen Bericht über das Gelesene verfassen.

Quellentexte untersuchen

Möchte man über ein Ereignis etwas ganz genau wissen, dann geht man zurück zu den Quellen, also zu den Anfängen. Man liest z. B. die Texte, die zu jener Zeit geschrieben wurden, als das Ereignis stattfand. Die Berichte aus jener Zeit geben uns ein Bild von der Vergangenheit. Doch ist dieses Bild richtig? Entspricht der Bericht der Wahrheit oder enthält er Übertreibungen, einseitige oder gar falsche Darstellungen?
Man muss also auch Berichte aus früheren Zeiten genau überprüfen.

… und so wird's gemacht:

1. Fragen zum Text

- Wovon handelt der Text?
- Was steht im Mittelpunkt?
- Wie kann man den Inhalt kurz zusammenfassen?
- Welche Wertungen enthält der Bericht? Gibt es Übertreibungen oder ist er einseitig?

2. Fragen zum Verfasser

- Was wissen wir vom Verfasser?
- Kennt der Verfasser die Ereignisse aus eigener Anschauung?
- Welche Absichten verfolgt der Verfasser mit seiner Darstellung?
- Wie steht der Verfasser zu den Personen oder zu der Sache, über die er berichtet? Ist er neutral oder ergreift er Partei?

Sachzeugnisse untersuchen

… und so wird's gemacht:

1. Was kann man sehen?

Wie sieht das Sachzeugnis aus?

- Größe
- Form
- Farbe/Muster
- Material
- Qualität …

Ihr könnt die Figur/das Sachzeugnis auch zeichnen.

2. Die Funktion des Sachzeugnisses erschließen

- Alter, Herkunft, Fundort und -zeit, Herstellungstechnik ermitteln
- Wozu wurde das Sachzeugnis genutzt?
- Welche Informationen liefert die Tafel zum Ausstellungsstück?
- Nutzt weitere Informationsquellen (z. B. Befragung der Museumsmitarbeiter, Bücher, Internet).

3. Welche Erkenntnisse kann man gewinnen?

- Welche Rückschlüsse lässt das Sachzeugnis zu, z. B. auf Verbreitung und das Leben, Arbeiten, Wohnen der Menschen in der Zeit?
- Wie ist das Sachzeugnis zeitlich einzuordnen?

Gewusst wie ...

Bilder untersuchen

... und so wird's gemacht:

1. Die Einzelheiten eines Bildes möglichst genau beschreiben
Beantwortet dazu folgende Fragen:
- Welche Personen sind dargestellt?
- Gibt es Personen, die deutlich größer gezeichnet werden als andere?
- Welche Tätigkeiten üben die Personen aus?
- Wie sind sie gekleidet?
- Gibt es Unterschiede in der Kleidung?
- Welche weiteren Gegenstände sind auf der Abbildung zu sehen?

2. Zusammenhänge erklären
- Beschreibt, wie das Verhältnis der dargestellten Personen zueinander ist.
- Gibt es Merkmale, die eine besondere Bedeutung haben könnten?
- Lässt die Abbildung Rückschlüsse auf bestimmte Tätigkeiten oder auch das Ansehen der dargestellten Personen zu?

3. Bilder zu demselben Thema miteinander vergleichen
- Gibt es noch andere Bilder zu diesem Thema? Welche Gemeinsamkeiten kann man auf vielen Bildern feststellen?
- Wie verändert sich die Darstellung zu diesem Thema im Laufe der Geschichte?

4. Weitere Informationen sammeln
- Wichtige Informationen finden sich häufig auch in der Bildlegende, z. B. wann das Bild gemalt wurde.
- Zusätzliche Informationen lassen sich manchmal auch mithilfe des Internets besorgen.

Karikaturen deuten

1. Der erste Eindruck
Notiert, was euch beim Betrachten zuerst auffällt.

2. Ideen sammeln
Sammelt alle Ideen und Gedanken, die euch beim Betrachten der Karikatur einfallen.

3. Beschreiben
Beschreibt so genau wie möglich, welche Personen und Sachverhalte abgebildet sind: Achtet auf Gesichtsausdruck, Körperhaltung, Kleidung, Gegenstände. Achtet auf Texte und die Bildunterschrift.

4. Bedeutung klären
Welche Bedeutung haben die abgebildeten Personen, Gegenstände, Tiere? Welche Bedeutung hat die Handlung? Auf welche Situation, auf welches Ereignis bezieht sich die Karikatur?

5. Werten
Welche Position bezieht der Karikaturist? Wie beurteilt ihr die Karikatur?

Ein Herrscherbild untersuchen

1. Wer ist dargestellt?
Die Namen und Lebensdaten des Herrschers sind euch ja schon bekannt. Ihr könnt aber überlegen, warum der König das Gemälde erst so spät hat anfertigen lassen.
Der König ist ganz alleine auf dem Bild. Warum hat der Maler keine weiteren Personen in das Bild gesetzt?

2. Was ist dargestellt?
Erstellt eine Liste mit den eurer Meinung nach drei bis vier wichtigsten Einzelheiten im Bild. Überlegt, warum der Maler diese darstellte.

3. Wie ist der Herrscher dargestellt?
Betrachtet genau die Kleidung, die Haartracht, die Gestik und Mimik des Königs. Was sagen sie aus?

4. An wen richtet sich die Darstellung?
Überlegt, wer sich dieses Bild angesehen hat. Immer waren es die Untertanen des Königs. Wie sehen sie ihren Herrscher? Schaut er sie an? Wie schaut er sie an? Sehen sie selbst den König eher von unten oder von oben an?

... arbeiten mit Methode

Geschichtskarten lesen und auswerten

Neben den geografischen Karten, die ihr aus dem Erdkundeunterricht kennt, gibt es auch Geschichtskarten. Um eine Karte richtig „lesen" zu können, muss man sich vor allem die beigefügten Erklärungen (= Legende) ansehen. Eine Geschichtskarte will immer auf ganz bestimmte Ereignisse und Zusammenhänge hinweisen. Um eine Geschichtskarte zu verstehen, sollte man folgende Fragen stellen:

... und so wird's gemacht:

1. Welcher Raum ist dargestellt?

- Welche Flüsse, Meere oder Städte sind eingetragen?
- Welche heutigen Länder oder Hauptstädte liegen in dem dargestellten Raum?
- Wo findet sich auf dieser Karte Sachsen-Anhalt?
- Welche Ausdehnung hat das dargestellte Gebiet? (Achtet auf den Maßstab.)

2. Welche Zeit oder welche Entwicklung zeigt die Karte?

- Welche Zeitangaben finden sich in der Legende?
- Welche Veränderungen werden sichtbar? (Achtet auf die Farbgebung.)

Historische Geschichtskarten lesen und auswerten

Historische Geschichtskarten stammen von Wissenschaftlern aus früheren Jahrhunderten. Sie sammelten Erzählungen und Aufzeichnungen von Seefahrern und Entdeckern und erarbeiteten aus deren Erkenntnissen Karten. Diese Karten sind daher für uns heute eine wichtige Quelle, denn sie zeigen uns, wie sich die Menschen damals die Erde vorstellten.
Wenn man mit einer historischen Karte arbeitet, sind folgende Fragen wichtig:

- Aus welcher Zeit stammt die Karte?
- Welche Kontinente oder Länder sind dargestellt?
- Enthält die Karte Angaben zu den Entfernungen?
- Wie sind die Land- und Wasserflächen in der Karte verteilt?
- Wozu soll die Karte dienen?

Informationsvermittlung: Beispiel Wandzeitung

Eine Wandzeitung schaut der Betrachter im Stehen oder im Vorbeigehen an. Also: Wenige, überschaubare Texte, dazu einige, möglichst großformatige Abbildungen!

... und so wird's gemacht:

1. Informationen auswählen

Was ist wichtig, was kann weggelassen werden? Was soll als Text, was im Bild, Schaubild oder in einer Tabelle dargestellt werden?

2. Gestaltung

Wie soll die Schrift aussehen? Welche Bilder sind geeignet und wo werden sie angeordnet? Welche Zeichnungen, Tabellen oder Schaubilder sollen angefertigt werden und wohin sollen sie kommen?

3. Material

Welches Material wird benötigt (Tapete, Pappe, Stifte, Kleber, Heftzwecken, Stecknadeln, Scheren, Lineal usw.)? Wer besorgt es?

4. Arbeit verteilen und durchführen

Wer möchte Texte schreiben, Bilder ausschneiden und beschriften, Zeichnungen, Tabellen anfertigen usw.? Bilder, Texte usw. nicht sofort festkleben, sondern erst alles lose auflegen!

5. Präsentation

Wandzeitung aufhängen und den anderen Gruppen vorstellen (präsentieren).

Lösung von Seite 114/115: „Der Tod eines Königs"

Paris, 21. Januar 1793: Der französische König Ludwig XVI. wird hingerichtet.

1 Während der Revolution bietet diese Alarmanlage aus dem 20. Jahrhundert keinen Schutz.

2 John Logie Baird führt das Fernsehen erstmals 1926 vor, und Fernsehkameras wie diese kommen noch später.

3 Elektrische Lautsprecher gibt es noch nicht. Die Stimme des Königs wird durch die Trommeln der Soldaten übertönt.

4 Diese Thermosflasche stammt aus dem 20. Jahrhundert.

5 Die Revolutionäre hatten einfache Gewehre; das Maschinengewehr ist ein Modell aus dem 20. Jahrhundert.

6 Zeitungen finden immer mehr Verbreitung, aber diese bunte Illustrierte „Femme" stammt aus dem Frankreich des 20. Jahrhunderts.

7 Die Revolutionäre demonstrieren zwar gegen mancherlei, aber diese Plakette für Atomabrüstung und Frieden ist ihrer Zeit voraus.

8 Mehr als 50 Jahre vor der Erfindung des Verbrennungsmotors gibt es für diesen Benzinkanister noch keine Verwendung.

9 Zwar gibt es in Paris viele eindrucksvolle Gebäude, aber Hochhäuser aus Beton und Glas entstehen erst im 20. Jahrhundert.

10 Ein Kran wie dieser ist seit der zweiten Hälfte des 20. Jahrhunderts ein vertrauter Anblick, hier aber fehl am Platz.

11 Den Minirock sieht man in den Straßen von Paris erst ab ungefähr 1960.

12 Die Parkuhr wird 1935 von dem Amerikaner C. C. Magee erfunden.

13 Lange vor der Erfindung des Tonbandgeräts hat sich dieser Rundfunkreporter um 150 Jahre in der Zeit geirrt.

14 Steelbandtrommeln werden aus Ölfässern erst hergestellt, nachdem Erdöl, weil es den Verbrennungsmotor gibt, zu einer bedeutenden Handelsware geworden ist.

15 Diese Verkehrsleitkegel („Lübecker Hütchen") aus Kunststoff sind erst seit dem 20. Jahrhundert ein vertrauter Anblick.

16 Baseball wird in den Vereinigten Staaten erstmals 1839 gespielt, aber diese Baseballmütze ist noch jünger.

17 Diese einziehbare Hundeleine ist eine Erfindung des 20. Jahrhunderts.

18 Hamburger und „Fast Food" in solchen Styroporschachteln werden erst im 20. Jahrhundert gebräuchlich.

19 Vor der Erfindung des Telefons gibt es auch diese Gegensprechanlage noch nicht.

20 So viele Jahre vor der Erfindung des Automobils werden auch Verkehrszeichen noch nicht gebraucht, obwohl sie auch für Kutschen nicht schlecht gewesen wären.

Jugend- und Sachbücher

Entdecker und Eroberer
- Baumann, Hans: *Der Sohn des Kolumbus.* dtv, München.
- Baumann, Hans: *Die Barke der Brüder.* Verlag Freies Geistesleben, Stuttgart.
- Kleberger, Ilse: *Pietro und die goldene Stadt.* Erika Klopp Verlag, Berlin 1993.
- Marc, Pierre: *Marco Polos wunderbare Reise.* Bohem Press, Zürich.
- Merino, José Maria: *Das Gold der Träume.* Arena Verlag, Würzburg 1994.
- Thadden, Wiebke von: *Thomas und die schwarze Kunst.* Beltz & Gelberg, Weinheim 2001.
- Wood, Tim: *Die Renaissance. Blick in die Geschichte.* Karl Müller Verlag, Erlangen 1993.

Reformation und Glaubenskriege
- Haß, Ulrike: *Teufelstanz.* Rowohlt, Hamburg 2002.
- Ott, Inge: *Verrat.* Verlag Freies Geistesleben, Stuttgart 1993.
- Pleticha, Heinrich: *– Landsknecht, Bundschuh, Söldner.* Arena Verlag, Würzburg 1986.
- Röhrig, Tilman: *In 300 Jahren vielleicht.* Arena Verlag, 15. Aufl., Würzburg 2004.
- Selber, Martin: *Ich bin ein kleiner König. Heinrich und die Revolution.* Rowohlt, Hamburg 1988.

Der Absolutismus Ludwigs XIV.
- Bartos Höppner, Barbara: *Die Bonnins – Eine Familie in Preußen.* Verlag Niemeyer, Hameln 1995.
- Hamann, Brigitte: *Ein Herz und viele Kronen.* Ueberreuter Verlag, Wien 1998.
- Rauprich, Nina: *Wenzel oder der Weg in die Freiheit.* Bertelsmann, München 2001.

Aufgeklärter Absolutismus in Anhalt-Dessau
- Katharina Bechler: *Eine Reise durch den Wörlitzer Park.* Nicolaische Verlagsbuchhandlung, Berlin 2003.
- Emmy Kraetke-Rumpf: *Die Ärztin aus Quedlinburg. – Das Leben der Dorothea Christiana von Erxleben.* Koehlers Verlagsgesellschaft, Herford 6. Aufl. 2008.
- Katja Behrens: *Der kleine Mausche aus Dessau. – Moses Mendelssohn Reise nach Berlin im Jahre 1743.* Hanser, München 2009.

- Zitelmann, Arnulf: *Nur dass ich ein Mensch sei. Die Lebensgeschichte des Immanuel Kant.* Beltz & Gelberg, Weinheim 1996.

Die Französische Revolution
- Coppens, Bernard: *Napoleon. Geschichte schauen, lesen, wissen.* Union Verlag, Stuttgart 1992.
- Trease, Geoffrey: *Der Donner von Valmy.* Fischer TB, Frankfurt a. M. 2002.
- van der Vlugt, Simone: *Paris 1789. Das zweite Leben der Baronesse Sandrine.* Bertelsmann, München 2000.
- Wethekam, Cili: *Mamie 1780 bis 1794.* dtv, München 1995.
- Wethekam, Cili: *Tignasse.* dtv, München 1991.

Lexikon

Absolutismus (lat. absolutus = losgelöst). Bezeichnung für die Epoche vom 17. bis 18. Jahrhundert, in der Ludwig XIV. und seine Regierungsform in Europa als Vorbild galten. Der Monarch besaß die uneingeschränkte Herrschaftsgewalt. Er regierte losgelöst von den Gesetzen und forderte von allen Untertanen unbedingten Gehorsam.
Aktivbürger Nur Männer, die ein höheres Einkommen hatten und entsprechende Steuern zahlten, konnten wählen. Von ca. 24 Millionen Franzosen waren etwa vier Millionen Aktivbürger.
Aufklärung Reformbewegung, die im 18. Jahrhundert in fast allen Lebensbereichen zu neuen Ideen und Denkweisen führte. In der Politik richteten sich die Aufklärer gegen die uneingeschränkte Macht des Königs. Die Aufklärer traten ein für Meinungsfreiheit, für Offenheit gegenüber anderen Meinungen und ein von Vernunft geprägtes Handeln.

■
Code Civil/Code Napoléon Die Gesetzessammlung trat 1804 in Kraft und bildete einen der Hauptpfeiler, auf denen Napoleons Macht ruhte. Seine 2281 Artikel sicherten unter anderem die in der Revolution erworbenen Freiheiten und Rechte und dienten den meisten europäischen Staaten als Vorbild.

■
Direktorium (von lat. dirigere = leiten). Bezeichnung für die Regierung Frankreichs von 1795 bis 1799. Das Direktorium bestand aus fünf Mitgliedern und stützte seine Macht hauptsächlich auf die Armee. Der Sturz des Direktoriums durch General Napoleon Bonaparte 1799 markiert das Ende der Revolution.

■
Evangelisch/ Evangelium Für Luthers Anhänger waren nicht die Entscheidungen des Papstes und der Konzilien verbindlich. Vielmehr galt ihnen allein das Wort Christi als verpflichtend, wie es sich in den ersten vier Büchern des Neuen Testaments, dem Evangelium, findet. Die Anhänger Luthers bezeichnete man daher als „evangelisch".

■
Generalstände Seit dem Beginn des 14. Jahrhunderts die Versammlung der Vertreter der drei Stände von ganz Frankreich. Sie wurden zur Zeit des Absolutismus nicht einberufen. Die Generalstände hatten vor allem das Recht der Steuerbewilligung.
Geozentrisches Weltbild (griech. geo = Erde). Vorstellung, dass die Erde Mittelpunkt des Weltalls ist und dass sich die Planeten um die Erde drehen.
Gottesgnadentum Die Könige und Fürsten rechtfertigten ihren absoluten Herrschaftsanspruch als von Gott eingesetzte und nur ihm verantwortliche Herrscher.

■
Heiliges Römisches Reich Deutscher Nation Bezeichnung für den Herrschaftsbereich der deutschen Kaiser vom Mittelalter bis zum Jahre 1806. Der Name des Reiches leitet sich vom Anspruch der mittelalterlichen Herrscher ab, die Tradition des antiken Römischen Reiches fortzusetzen.
Heliozentrisches Weltbild (griech. helios = Sonne). Erkenntnis, dass sich die Erde und die Planeten um die Sonne drehen.
Hugenotten Bezeichnung für die französischen Protestanten. Ihr Glaube war geprägt von der Lehre Johannes Calvins.

■
Indígenas Ureinwohner Lateinamerikas.

■
Jakobiner Ein politischer Klub während der Französischen Revolution, dessen Mitglieder sich erstmals in dem ehemaligen Pariser Kloster St. Jakob trafen. Nach der Abspaltung der gemäßigten Gruppe der Girondisten (= Abgeordnete aus dem französischen Departement Gironde) wurde der Name nur noch für radikale Republikaner verwendet.
Jüngstes Gericht Begriff aus der Bibel für das Weltgericht Gottes. Es erfolgt am Ende der Welt mit der Auferstehung der Toten und der Vergeltung der guten und bösen Taten der Menschen.

■
Kartografie Lehre und Technik, Karten herzustellen. Die ersten aussagekräftigen Karten stammen von den Griechen der Antike. Mit den Entdeckungsfahrten des 15. und 16. Jahrhunderts erlebte die Kartografie einen neuen Aufschwung.
Katechismus Handbuch der Unterweisung in den Grundfragen des christlichen Glaubens.
Kirchenbann Der Kirchenbann ist die schwerste Strafe, die die katholische Kirche gegen ihre Angehörigen verhängen kann. Der Gebannte ist von den Sakramenten ausgeschlossen; die übrigen Gläubigen sollen jeden Kontakt zu ihm meiden. Der Bann kann aufgehoben werden, wenn der Gebannte die Handlungen bereut, die zur Verhängung des Bannes Anlass gaben, und dafür in angemessener Form Buße tut. Stirbt ein Gebannter, ohne dass der Bann aufgehoben wurde, ist er nach katholischer Lehre auf ewig vom Heil ausgeschlossen.

Lexikon

Konfession Glaubensbekenntnis.
Konquistadoren Die spanischen und portugiesischen Eroberer Mittel- und Südamerikas im 16. Jahrhundert. Durch ihre Expeditionen wurden die indianischen Reiche, etwa der Inkas und Azteken, erobert, ausgeplündert und zerstört. Bekannteste Konquistadoren waren u. a. Hernando Cortez und Francisco Pizarro.
Konstitutionelle Monarchie Bezeichnung für eine Herrschaftsform, bei der die Macht des absoluten Königs durch eine Verfassung (= Konstitution) eingeschränkt wird.

Mediatisierung Aufhebung der Reichsunmittelbarkeit weltlicher Herrscher und ihre Unterstellung unter einen Landesherren.
Merkantilismus (lat. mercator = Kaufmann). Staatlich gelenkte Wirtschaftsform des Absolutismus. Durch intensiven Handel sollte möglichst viel Geld in das Land kommen, möglichst wenig Geld das Land verlassen. Die Regierung erhöhte daher die Ausfuhr von Fertigwaren und erschwerte die Einfuhr ausländischer Waren durch hohe Zölle.
Missionierung (lat: missio = Sendung). Verbreitung des christlichen Glaubens. In der Vergangenheit geschah dies oft gewaltsam.

Nationalbewusstsein Als Nationalbewusstsein wird das im 19. Jahrhundert aufkommende Denken bezeichnet, das für die Angehörigen einer Nation einen gemeinsamen Staat fordert.
Nationalversammlung Eine verfassungsgebende Versammlung von Abgeordneten, die die ganze Nation vertritt.

Reformation (lat. reformatio = Wiederherstellung, Erneuerung). Bezeichnet eine kirchliche Erneuerungsbewegung im 16. Jahrhundert, die in Deutschland vor allem von Martin Luther ausging. Die Bewegung führte zur Spaltung des Christentums in verschiedene Glaubensbekenntnisse: römisch-katholisch, lutherisch, reformiert. Der Beginn der Reformation wird mit der Veröffentlichung von Luthers Thesen auf 1517 datiert. Das Ende sieht man im Westfälischen Frieden von 1648.
Reichsacht Bei schweren Verbrechen konnten der König oder ein vom König beauftragter Richter den Täter ächten. Dieser war damit aus der Gemeinschaft ausgestoßen und vogelfrei. Jeder hatte das Recht, ihn zu töten. Der Geächtete verlor seinen Besitz, und wer ihn aufnahm, verfiel selbst der Reichsacht.
Republik (lat. res publica = die öffentliche Sache). Begriff für eine Staatsform mit einer gewählten Regierung, in der das Volk oder ein Teil des Volkes die Macht ausübt.
Rheinbund Im Jahr 1806 traten 16 deutsche Reichsstädte und Fürstentümer aus dem Deutschen Reich aus. Sie gründeten den Rheinbund, dessen Schutzherr Napoleon war.

Säkularisation (lat. saecularis = weltlich). Der Begriff bezeichnet einen Vorgang, bei dem kirchliche Besitztümer vom Staat eingezogen und an weltliche Fürsten verteilt werden. Säkularisationen fanden z. B. während der Reformation, der Französischen Revolution und in Europa unter Napoleon statt.
Salon Als Salon bezeichnete man vom 17. bis 19. Jahrhundert Gesellschafts- bzw. Empfangszimmer, in denen sich Bürgerinnen und Bürger, Gelehrte und Künstler regelmäßig trafen.
Sansculotten (frz. = ohne Kniehosen). Bezeichnung für Pariser Revolutionäre, die aus den Unterschichten stammten. Die Männer trugen lange Hosen, um sich auch in der Kleidung vom Adel zu distanzieren.
Schreckensherrschaft Schreckensherrschaft bezeichnet man den Zeitraum von Juni 1793 bis Ende Juli 1794. Sie war gekennzeichnet durch die massive Unterdrückung von Personen, die verdächtigt wurden, nicht mit der Revolution einverstanden zu sein. Willkür, Gewalt und Terror, d. h. die Verbreitung von Angst und Schrecken, hatten zum Ziel, die Menschen gefügig zu machen.
Skorbut Krankheit, die durch einen Mangel an Vitamin C verursacht wird. Die Leistungsfähigkeit lässt stark nach und kann zum Tod durch Herzschwäche führen. Grund für das häufige Auftreten von Skorbut auf See war die einseitige Ernährung.
Stände Gesellschaftliche Gruppen, die sich voneinander durch Herkunft, Beruf und eigene Rechte abgrenzen. Im Mittelalter unterschied man drei Stände: erster Stand: Geistlichkeit; zweiter Stand: Adel; dritter Stand: Bürger und Bauern.
Stehendes Heer In der frühen Neuzeit wurden Heere nur für einen Krieg aufgestellt. Die Söldner und die Landsknechte wurden nach Kriegsende wieder entlassen. Ludwig XIV. schuf jedoch Armeen, die auch in Friedenszeiten einsatzbereit unter Waffen standen.

Tuilerien Stadtschloss des Königs in Paris.
Tyrann Gewaltherrscher.

Register/Verzeichnis der Worterklärungen*

Register/Verzeichnis der Worterklärungen*

Register/Verzeichnis der Worterklärungen*

Textquellenverzeichnis

1. Entdecker und Eroberer

S. 8: Peter G. Thielen, Der Mensch und seine Welt, Troisdorf (Dümmler) 1974, S. 105 – **S. 9:** Bertolt Brecht, Leben des Galilei, Frankfurt/M. (Suhrkamp) 1998, S. 63 – **S. 12:** Eberhard Schmitt (Hg), Dokumente zur Geschichte der Europäischen Expansion, Bd. 2, München (C.H. Beck) 1984, S. 113 – **S. 13:** Christoph Kolumbus, Das Bordbuch 1492, übers. v. Robert Grün, Tübingen (Erdmann) 1978, S. 86 – **S. 15:** Klaus Brinkbäumer und Clemens Höges, Hamburg (SPIEGEL ONLINE GmbH) 2004, *www.spiegel.de/wissenschaft/natur/0,1518,308598-3,00.html* (22. 01. 2010) – **S. 18:** Hermann Homann, Die Eroberung Mexikos, Tübingen (Erdmann) 1976, S. 50 – **S. 19:** Arne Eggebrecht (Hg.), Glanz und Untergang des alten Mexiko: Die Azteken und ihre Vorläufe, Mainz (Philipp von Zabern) 1986, S. 120 – **S. 22 Q1:** Georg A. Narciss (Hg.), Rede von Bernal Diaz del Castillo, in: Wahrhaftige Geschichte der Eroberung und Entdeckung Mexikos, Stuttgart (Steingrüben) 1965, S. 240;Miguel León-Portilla/Renate Heuer (Hg.), Rückkehr der Götter: Die Aufzeichnungen der Azteken über den Untergang ihres Reiches, Köln (u. a.) (Middelhauve)1962, S. 46; S. 22 Q2: Heuer, Renate (Ü.), Rückkehr der Götter, Weinheim (Beltz), 1965, o. S. – **S. 23 M1+Q3:** Arne Eggebrecht (Hg.), Glanz und Untergang des alten Mexiko, Mainz (Philip von Zabern) 1986, S. 120; ebd., S. 184 – **S. 24:** Strosetzki, Christoph (Hg.), Griff nach der neuen Welt, Frankfurt/Main (Fischer) 1990 – **S. 25:** Schmitt, Eberhard, Dokumente zur Geschichte der europäischen Expansion, München (Beck) 1986, S. 503 – **S. 26:** Urs Bitterli, Die Entdeckung und Eroberung der Welt, Bd. 1, München (C. H. Beck) 1980, S. 94 – **S. 29:** GEO Spezial, Dez./Jan. 2001, Hamburg (Gruner + Jahr) 2001, S. 52 – **S. 30:** Louis-René Vougier, So lebten sie zur Zeit der Azteken, Nürnberg (Tessloff) 1990, o. S.

2. Reformation und Glaubenskriege

S. 39 Q1: Helmar Junghans/Franz Lau, Die Reformation in Augenzeugenberichten, Düsseldorf (Rauch) 1973, S. 43 f.; S. 39 M1: Hans Kühner (Hg.), Neues Papstlexikon, Frankfurt M. (S. Fischer) 1973, S. 43 f. – **S. 40:** Hans Kühner (Hg.), a. a. O., S. 43 – **S. 41:** Heinrich Fausel (Hg.), Martin Luther, Gütersloh (GTB Siebenstern) 1967, S. 188, S. 191. – **S. 42:** Friedhelm Kemp, Eine fliegende Bilderwelt, in: Süddeutsche Zeitung, Nr. 215 vom 19./20. 09. 1981, München (Süddeutscher Verlag) 1981, S. 127. – **S. 44:** Junghans/Lau, a. a. O., S. 58 f. – **S. 45:** Oskar Thulin, Martin Luther, München (Der Kunstverlag) 1958, S. 51. – **S. 50:** Junghans/Lau, a. a. O., S. 269 ff. – **S. 51 Q2:** Geschichte in Quellen, bearb. v. Fritz Dickmann, Bd. 3, München (BSV) 1970, S. 144 f. – **S. 51 Q3:** Karin Bornkamm (Hg.), Martin Luther. Ausgewählte Werke, Bd. 4., Frankfurt a. M. (Insel)1982, S. 133 f. – **S. 52:** Herbert Gutschera /Jörgen Thierfelder (Hg.), Brennpunkte der Kirchengeschichte, Paderborn (Schöningh) 1976, S. 147 – **S. 56 Q1:** *http://www.jale-online.de*, 22. 01. 2010 (Autor: Paul Stockmann, Text vereinf.) – **S. 56 Q2:** Franz Theodor Böhme, zit. nach: Macht auf das Tor! Alte deutsche Kinderlieder, Reime, Scherze und Singspiele, zum Teil mit Melodien, ausgewählt von Maria Kühn, Königstein im Taunus (Langewiesche) 1921, S. 55 – **S. 58:** August Sach, Deutsches Leben in der Vergangenheit. Buchhandlung des Waisenhauses Halle, 1890/1891, S. 398. – **S. 60:** Tilman Röhrig, In 300 Jahren vielleicht, Würzburg (Arena) 2004, o. S.

3. Der Absolutismus Ludwigs XIV.

S. 66: Karl Heinrich Peter, Briefe zur Weltgeschichte, Stender 1962, S. 202 – **S. 67:** Geschichte in Quellen, bearb. v. Fritz Dickmann, Bd. 3, München (BSV) 1970, S. 429 f. – **S. 68:** Helmuth Kiesel (Hg.), Die Briefe der Liselotte von der Pfalz, Frankfurt/M. (Suhrkamp) 1960, S. 32 – **S. 69 Q2:** Theodor Steudel, Der Fürstenstaat, Leipzig (Teubner) 1933, o. S. – **S. 69 Q3:** Kiesel, H. (Hg.) a. a. O. – **S. 77:** Elisabeth Hort, (Hg.): Der Hof Ludwig XIV. in Augenzeugenberichten, Düsseldorf (Rauch) 1969, S. 27 – **S. 78:** Geschichte in Quellen, bearb. v. Fritz Dickmann, Bd. 3, München (BSV) 1975, S. 429 f. – **S. 79 Q2:** Hans Pfahlmann (Hg.), Die industrielle Revolution, Freiburg (Christophorus) 1974, S. 28 (Urtext von Adam Smith); **S. 79 Q3:** Klaus Malettke, Ludwig XIV. von Frankreich: Leben, Politik und Leistung, Göttingen/Zürich (Muster-Schmidt) 1994, S. 104

4. Aufgeklärter Absolutismus in Anhalt-Dessau

S. 86 Q1: Jacues Benignne Bossuet, Politique tireé des prognoses paroles, Buch 2–6 (übers. v. Hans C. Huber), Zürich (Schulthess) o. J, o. S. – **S. 86 Q2:** Erich Stahleder (Hg.), Absolutismus und Aufklärung, Ebenhausen b. München (Langewiesche. Brandt) 1982, S. 136 f. (Urtext von Diderot) – **S. 86 Q3:** Irmgard A. und Paul Hartig, Die Französische Revolution, Stuttgart (Klett) 1990, o. S. – **S. 87:** Geschichte in Quellen, Bd. 1, bearbeitet von Walter Arend, München (BSV) 1970, S. 447 – **S. 88:** Katharina Bechler, Eine Reise durch den Wörlitzer Park. Berlin (Nicolaische Verlagsbuchhandlung) 2003, S. 16 f. – **S. 89 Q1:** Leo Allmann, Wolfram von Berg, Rainer J. Reichenstetter, www.die-philosophen.de/woerlitz.html, München, 22. 01. 2010 – **S. 90 Q1:** Johann Wolfgang von Goethe in: Leo Allmann, Wolfram von Berg, Rainer J. Reichenstetter, www.die-philosophen.de/woerlitz.html, München, 22. 01. 2010 (vereinf.) – **S. 90 M1:** Thomas Veser, Anschauliche Aufklärung. Zur Geschichte des fürstlichen Gartenreiches von DessauWörlitz, *http://www.wienerzeitung.at/Desktopdefault.aspx?tabID=3946&alias=wzo&lexikon=Garten&letter=G&cob=5436*, Wien (Wiener Zeitung) 2005, 22. 01. 2010 – **S. 92 Q1:** Eva Brinkschulte und Eva Labouvie, Dorothea Christiane Erxleben, Mitteldeutscher Verlag 2006 – **S. 94:** Katja Behrens, Der kleine Mausche aus Dessau. – Moses Mendelsohns Reise nach Berlin im Jahre 1743, © 2009 Carl Hanser Verlag München, S. 5 ff.

5. Die Französische Revolution

S. 100: Französisches Flugblatt gegen die Vorherrschaft des Adels. o. O., 1788 – **S. 101:** Pierre Beuamarchais, Ein toller Tag oder Figaros Hochzeit, München (Ullstein Buchverlage) 1864, S. 109 – **S. 103:** Walter Markow (Hg.), Revolution im Zeugenstand, Bd. 2., Leipzig (Reclam) 1985, S. 71 – **S. 105:** Irmgard A. und Paul Hartig, Die Französische Revolution, Stuttgart (Klett) 1989, S. 42 – **S. 108:** Geschichte in Quellen, bearb. v. Wolfgang Lautermann, Bd. 4., München (BSV) 1980, S. 195 – **S. 109 Q1:** Lottemi Doormann, Ein Feuer brennt in mir, Weinheim (Beltz & Gelberg) 1993, S. 104 f. – **S. 109 Q2:** Viktoria Frysak, *http://olympe-de-gouges.info/*, 28. 01. 2010 – **S. 110:** Alan Nevins, Geschichte der USA, übers. v. Ernst Betz, Bremen (Schünemann) 1967, o. S. – **S. 111:** Übereinkommen über die Rechte des Kindes, UNICEF Österreich, 1992 – **S. 112 Q1:** Geschichte in Quellen, bearb. v. Wolfgang Lautermann, Bd. 4., München (BSV) 1975, S. 252 – **S. 112 Q2:** Walter Markov (Hg.), Die große Revo-

Textquellenverzeichnis

lution der Franzosen, Berlin (Akademie) 1975, o. S. – **S. 113 Q3:** Irmgard A. und Paul Hartig, Die Französische Revolution, Stuttgart (Klett) 1990, S. 11 – **S. 116 Q1:** Walter Markov (Hg.), Die große Revolution der Franzosen, Berlin (Akademie) 1975, S. 528 – **S. 116 Q2:** Walter Markov (Hg.), a. a. O. – **S. 117 Q3:** Martin Göhring, Die Geschichte der großen Revolution, Siebeck (Mohr) 1951, S. 382 – **S. 118 Q1:** Eckart Kleßmann (Hg.), Die Französische Revolution in Augenzeugenberichten, Düsseldorf (Rauch) 1972, S. 397 – **S. 118 Q2:** Friedrich M. Kircheisen (Hg.), Napoleon I., Bd. 1. Klett-Cotta (J. G. Cotta`sche Buchhandlung) Nachf. 1926, S. 128 – **S. 120 Q1:** Friedrich M. Kircheisen (Hg.), Gespräche Napoleons, Klett-Cotta (J. G. Cotta`sche Buchhandlung) Nachf. 1912, o. S. – **S. 121 Q2:** Eckart Kleßmann (Hg.), Deutschland unter Napoleon, Düsseldorf (Rauch) 1976, o. S. – **S. 123:** Eckart Kleßmann (Hg.), Die Französische Revolution in Augenzeugenberichten, Düsseldorf (Rauch) 1973, S. 45 – **S. 124:** Klas Ewert Everwyn: Für fremde Kaiser und kein Vaterland, Hamburg (Oetinger) 1994, o. S.

Bildquellenverzeichnis

AISA, Barcelona 9.3 – **Albertina Wien, Graphische Sammlung** 39.2 – **American Museum of Natural History** 28 RS – **Archiv für Kunst und Geschichte** 10.2, 13.2 (Wdh. 33, 130), 16.1 (Wdh. 34, 130), 40 RS, 42, 44.1 (Wdh. 61), 44 RS b, 45 (Wdh. 61), 46.1 (Wdh. 62), 47.3, 49.3, 52 RS, 54 (Wdh. 61, 130), 55.3+4, 66.1 (Wdh. 74, 81, 131, 134), 67, 68.1 (Wdh. 81), 68 RS, 69.2, 79 RS, 82.1, 83.2, 84–85 (Wdh. 5, 97, Vignetten 86–97), 85 Einkl. (Wdh. 88, 131), 87 RS (Wdh. 96), 89.3 (Wdh. 95, 131), 91.3, 93.3, 98–99 (Wdh. 5, Vignetten 100–127), 104.1, 113, 116 RS (Wdh. 126, 131), 120 (Wdh. 125), 125 a, 129 o. l.+u. m. – **Artothek Weilheim** 47.4, 126 o. – **Avenue Images GmbH Hamburg, Index Stock** 133 (Foto: Craig Witkowski) – **Bibliotheque Nationale Paris** 123.2, 125 b – **Bibliotheque publique et Universaire Genf** 61 c – **Bildarchiv Preußischer Kulturbesitz** 8 RS, 9 RS, 13 RS, 16.3, 23.2, 24.1 (Wdh. 130), 33 c, 40.2, 49.5, 51.2 (Wdh. 130), 52.1, 55.1+2, 56, 57.2, 63.3, 89 RS, 93.2+4+5, 101, 110, 119.2, 128 o. r. – **Bridgeman Berlin** 64–65 (Wdh. 4, Vignetten 66–83), 83.1, 86.1 (Wdh. 95, 131), 103 (Wdh. 131), 105, 107.2–5, 109, 118.1 (Wdh. 131) – **British Library London** 6–7 (Wdh. 4, Vignetten 8–34), 75 – **British Museum London** 129 o. m. – **Castor Film Oberwesel** 38.1 – **Corel Library** 29.3 – **Deutsches Historisches Museum Berlin, Bildarchiv** 58 (Wdh. 62), 104 RS (Mus. f. Dt. Geschichte, Wdh. 126) – **docu:Media, Leipzig** 123 RS – **© Gruner+Jahr Hamburg** 23.3 – **Germanisches Nationalmuseum Nürnberg** 10.1 (Wdh. 33, 34, 130), 10.3, 50 – **Getty-Images München** 29.4 (© SPG), 112 (Bavaria) – **Interfoto München** 16.2, 128 u. l. (Laenderpress) – **Köster, Elisabeth, Bonn** 135 – **Kulturstiftung Dessau Wörlitz, Bildarchiv, Heinz Fräßdorf** 73.3, 88.2 (Wdh. 97) – **Laif Köln** 17.6, 111 – **Landesbildstelle Baden, Karlsruhe** 129 o. r. – **Landesbildstelle Saarland im LPM Saarbrücken** 81 d (Joachim Lischke) – **Mairee de Paris** 77.2 (Wdh. 134), 106 – **Mauritius Images** Umschlagfoto (Foto: Blume Bild), 72 (Foto: Peter Lehner), 91.4 (Foto: Jochen Tack, Wdh. 95, 131) – **Mende, Bettina, Salzwedel** 132 – **Museum der bildenden Künste, Leipzig** 41.3 – **Oomen, Hans-Gert, Kirchentellinsfurt** 3 o. – **Picture-Alliance** 16.4 (united archives), 70–71 (Foto: Bildagentur Huber), 73.4 (HB-Verlag, Foto: Sabine Lubenow), 88.1 (© ZB-Fotoreport, Foto: Peter Förster), 90.1 (© dpa-Report, Foto: Jens Wolf), 90.2 (Bildagentur Huber, Foto: Giovanni), 128 o. m. (© dpa, Foto: Votava) – **Römisch-Germanisches Museum Köln** 128 u. m. – (G. Costa/A. Stradella) – **Sotheby's London** 122 (Wdh. 125) – **© Spiegel-Verlag Hamburg** 22.1 (22/2003, S. 174) – **Staatliches Museum Schwerin, Kunstsammlungen** 63.2 – **Stadtarchiv Blieskastel** 82.3 – **Stadtinformation Mansfeld** 49.1 – **The Bridgeman Art Library London** 100 – **Ullsteinbild Berlin** 17.7, 40.1, 41 RS (Wdh. 130), 43 (Granger-Collection), 44 RS a, 49.2 (Schellhorn), 49.4 (Otto), 63.4 (Gerstenberg), 91.5 (Schellhorn), 92.2 (Günther), 117 (Gerstenberg) – **Vatikanische Museen Rom** 128 u. r. – **© VG Bild-Kunst, Bonn 2010** 20–21, 25.3 (© Banco de Mexico Diego Rivera Frida Kahlo Museums Trust), 36-37 (Wdh. 4, 51, Vignetten 38–63) – **Viollet, Roger, Paris** 116.1 – **Wikipedia** 73.2 (Foto: Volker Henze, frei), 92.1 (Wdh. 97), 92 RS, 93.1 (frei, Wdh. 95, 96) – **Wittenberg Kultur e. V.** 48.1+2

Übernahmen
„Geschichte mit Pfiff" Nr. 2/1992 (S. 21) 28.1 – **Gaby Kuper: „Feuer an allen Ecken" © 2007 Verlag Janos Stekovics (S. 121–122)** 57.3+4 – **Katja Behrens: „Der kleine Mausche aus Dessau. Moses Mendelssohns Reise nach Berlin im Jahre 1743" © 2009 Carl Hanser Verlag München** 94 (Wdh. 137) – **Tilman Röhrig: „In 300 Jahren vielleicht" © 1984 Arena Verlag GmbH Würzburg (Illustration: Dieter Leithold)** 137